五木寛之

百寺巡礼

第一巻 奈良

室生寺・長谷寺・薬師寺・唐招提寺・秋篠寺
法隆寺・中宮寺・飛鳥寺・當麻寺・東大寺

講談社

百寺巡礼の旅のはじめに

古いインドには、人生を四つの時期に分ける考えかたがあったという。

学生期《がくしょうき》。

家住期《かじゅうき》。

林住期《りんじゅうき》。

そして、遊行期《ゆぎょうき》。

学生期とは、若いうちにさまざまな物ごとを学び、経験をつむ時期である。いわば人生をスタートする助走期間にあたる時代だ。

家住期は社会に出て、一家をかまえ、仕事にはげむ実践の時期だろう。家族をもっても、現実には家に落ちつくひまもない場合もあるかもしれない。

林住期とは、生きるための仕事からリタイアして、人生とは何かを思考する季節。鴨《かもの》長明《ちょうめい》は五十歳のころ実際に林に住んだが、いまは逆に家にもどって読書にふける場合もある。自分の一生をふり返り、人間にとって何が大切かをじっくり考えてみる。趣味に生きるということもあるだろう。子供も大きくなっているだろうし、夫婦もお互いに自由な時間をもつゆとりがでてくる。

私はこの林住期《りんじゅうき》といわれる時代を、人間のもっとも充実した季節のように感じることがある。最近、定年退職したのちに、大学や各種の文化講座に学ぶ中高年層がふえてきた。私自身も五十歳前後に京都に移り住み、大学の聴講生として何年か暮らしたことがある。

ふり返ってみると、あれが私自身の、ひとつの林住期だったのではあるまいか。

そして最後にくるのが、遊行期《ゆぎょうき》だ。これは文字どおり、家を離れて旅に生きる放浪の季節である。野生の動物のなかに、死を予感すると群を離れて最後の場所をもとめるものがいるという。

すべてを捨てて、死ぬための旅に出る。一見、さびしい季節のように思われるが、そうでもないだろう。十九世紀のロシアでもっとも有名だった小説家、トルストイも、晩年、家出をして旅先の小駅で死んだ。遊行期は、まさに人生のしめくくりである。この時期にこそ、人間の一生の静かな輝きが見られるような気がする。

しかし、私たちは古代インド人のように、これらの四つの季節を、きちんと分けて生きることは難しい。中年過ぎてあたふたとパソコンを習うサラリーマンもいれば、若者にまじって英会話教室にかよう初老の夫妻もいる。

フリーターと称して、若いうちから自由放浪の暮らしを志す青年たちもいる。激務のあいだに本を読み、ときどき坐禅を組んだりするエリートもいる。とっくに遊行期に入っているはずの高齢の政治家や実業家たちが寝るまもなく活動をつづけているすがたに、感心するよりも呆《あき》れる気持ちもある。

考えてみると、現在の私たちは、季節の流れのように順をおって人生を生きることが不可能な時代に生きているのかもしれない。

現に私もそうだ。いま現在も学ぶべきことは山ほどある。仕事も以前より多くかかえている。しかし、自分の生きかたはこれでいいのかと旅先のホテルで考えることもあるし、週に四日は飛行機や車を乗りついで各地を歩きまわっている。

ふり返ってみると、幼いころから一定の土地に住んだことがなかった。父の転勤のたびに、住居を移り、学校をかわった。植民地で敗戦をむかえてからは、七十歳のきょうまで四つの季節をごちゃまぜにしながら生きてきた。

私は物を書く仕事をしながら、ちゃんとした書斎というものをもっていない。原稿は旅先の電車のなかや、喫茶店や、ホテルの部屋で書く。資料が必要になると、その土地の図書館へいき、書店や古本屋をあさる。電話でパソコン名人の編集者に調べてもらうことも多い。

地元の人にその土地の名物をごちそうになることもあるが、深夜、知らない町のコンビニでおむすびやバナナ、飲料水などをビニール袋にさげてホテルの部屋にもち帰る日がつづいたりもする。

旅先で一週間も下血がつづいたこともあった。仕事で、カンヅメと称する集中執筆の最中に、狭心症《きょうしんしょう》らしき発作《ほっさ》におそわれて、床の上にエビのように体を丸めて倒れていたこともあった。持病の偏頭痛《へんずつう》、腰痛、それに腱鞘炎《けんしょうえん》、目まい、過呼吸、などなど、つねに体調を崩しながらも、ずっと旅をつづけている。

百寺巡礼、などという無茶な計画も、そうした日々のなかから生まれた。二年間に百の寺を巡る旅。はたしてこの年齢で、そんなことが可能なのだろうか。現にかかえている仕事のことを考えると、気が遠くなるような感じがした。

しかし、なにか目に見えない力が私をつき動かして、自然にその旅がはじまったのである。

寺にも、仏像にも、建築にも、ほとんど無智のまま私は旅に出た。なにかを学ぶためではない、何かを感じるだけでいいのだ、と思ったからである。

その旅は、まだはじまったばかりだ。はたして百寺のすべてを巡ることができるかどうか、心もとない気持ちがある。しかし、この旅の途中で、もし死ぬことができたとしたなら、それこそが私の遊行期《ゆぎようき》ではあるまいか。混乱した自分の一生に、こんな形で遊行の季節が訪れてきてくれたことに、なんともいえない感慨をおぼえずにはいられない。

日本の寺々には、何か大事なものがあると私は信じている。そして、その寺のある土地には、人の生命をいきいきと活性化し、大きな深いものを感じさせる見えない力が存在していると感じる。その場所に立ち、一瞬の時間を体験するだけでいいのだ、と思う。

そんな旅の途上で、私はものに憑《つ》かれたようにモノローグをつづけ、語り、文章を書いた。そのすべてを記録し、肉声も、メモも、原稿も、まるごと集録して一冊の本が生まれた。これは、私の肉体と心のドキュメントであり、音楽でいうならライブ盤のようなものである。

一遍上人《いっぺんしょうにん》は人びととともに、踊り歌いながら念仏《ねんぶつ》の札をくばる遊行の旅をつづけた。私もそのひそみにならって、百寺の旅から生まれた旅の一冊、一冊を、読者のかたがたにお贈りしたいと思う。

いま、北陸の永平寺《えいへいじ》へ向かう飛行機の席でこの文章を書いている。白い雪をいただいた白山《はくさん》の山容を真下に見ながら、訪れる寺々への期待に若者のように胸ふくらむ感覚がある。この旅の先になにが見えてくるのか。それが見えたとき、私はどこにいるのか。私の真の遊行期は、まだはじまったばかりなのかもしれない。

百寺巡礼　目次

装幀　三村　淳
写真　井上博道
戸澤裕司

百寺巡礼

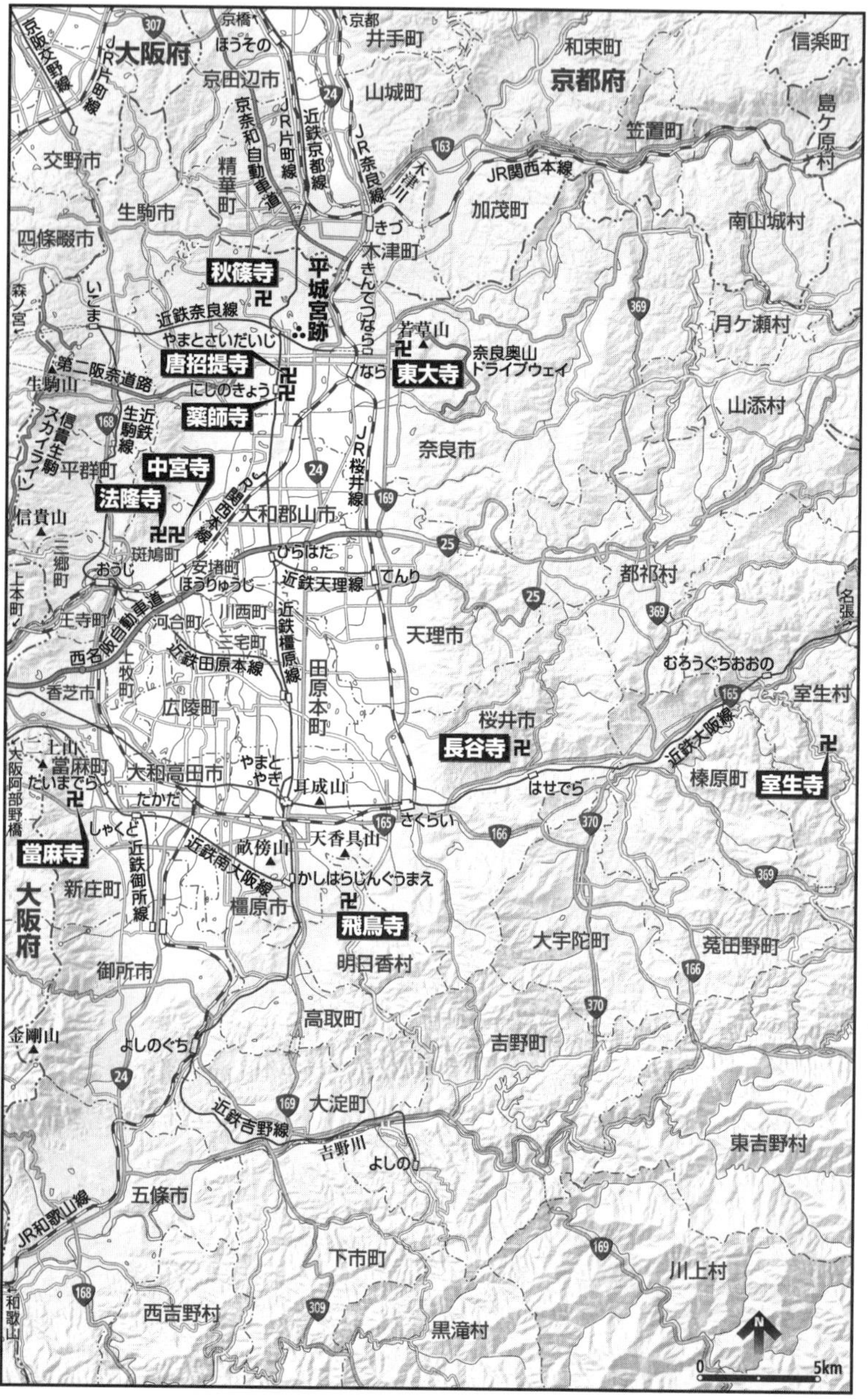
大阪府
京都府
京田辺市
井手町
和束町
信楽町
山城町
笠置町
島ケ原村
交野市
精華町
加茂町
生駒市
南山城村
四條畷市
木津町
秋篠寺
平城宮跡
月ケ瀬村
唐招提寺
東大寺
若草山
奈良奥山ドライブウェイ
薬師寺
山添村
奈良市
中宮寺
法隆寺
大和郡山市
斑鳩町
都祁村
川西町
三宅町
天理市
上牧町
香芝市
広陵町
田原本町
桜井市
室生村
長谷寺
當麻寺
榛原町
室生寺
大和高田市
耳成山
天香具山
畝傍山
飛鳥寺
新庄町
橿原市
大宇陀町
菟田野町
御所市
明日香村
高取町
吉野町
金剛山
大淀町
東吉野村
五條市
下市町
川上村
西吉野村
黒滝村
JR関西本線
JR奈良線
JR桜井線
JR和歌山線
近鉄奈良線
近鉄京都線
近鉄天理線
近鉄橿原線
近鉄田原本線
近鉄南大阪線
近鉄御所線
近鉄吉野線
近鉄大阪線
近鉄生駒線
西名阪自動車道
京奈和自動車道
第二阪奈道路
信貴生駒スカイライン
吉野川
5km

制作／ジェイ・マップ

第一番　室生寺《むろうじ》

女たちの思いを包みこむ寺

女性の入山《にゅうざん》を許した、もう一つの「高野山《こうやさん》」

室生寺《むろうじ》は山中の寺である。

奈良県宇陀郡室生村《うだぐんむろうむら》。緑濃い杉木立《すぎこだち》につつまれて、山肌にはりつくように伽藍《がらん》が散在する。桜も石楠花《しゃくなげ》もまだ咲かず、したたる緑もなく、燃えるような紅葉《もみじ》もないさびしい時期。三月の室生寺はひっそりと静まりかえっていた。

境内《けいだい》の急な石段を一歩ずつのぼってゆくと、突然、空中に浮かぶように五重塔《ごじゅうのとう》が現れる。その瞬間、思いがけないほどの小ささゆえの優美なすがたに目をうばわれた。

実際に目にすると、聞きしにまさる〝小さな塔〟だということにおどろく。

高さは約十六メートル。屋外にある五重塔では、この塔が「小ささ」において日本一だといわれている。

写真集などで目にする室生寺の五重塔は、なぜかもっとずっと大きく見える。しかし、こうして実際にきて眺めると、本当にミニチュアのようで、なんともいえず可愛《かわい》らしい。

私はしばらくのあいだ、その前で言葉もなくたたずんでいた。

鎧坂《よろいざか》を登り、金堂を過ぎてさらに石段を登ると五重塔が現れる

この小さな塔の周囲には、それを圧《あっ》するように杉の巨木がそびえている。その杉木立のなかから、輝く金色の帯のような光が射《さ》しこむ。すると、一瞬、ひどく妖艶《ようえん》な風情《ふぜい》を感じてどきりとした。

「女人高野《にょにんこうや》」として知られる室生寺を象徴するのが、この五重塔だろう。

私が「女人高野」という言葉を知ったのは、いったいいつだったのか。さびしげでありながら、ロマンチックなイメージももつ言葉。その響きにイマジネーションをかき立てられて、『女人高野』といういっぷう変わった歌謡曲の歌詞も書いた。

「高野」とは高野山《こうやさん》のことだ。和歌山県北東部にある千メートル前後の山に囲まれた真言《しんごん》宗《しゅう》の霊地である。

弘法大師《こうぼうだいし》（空海《くうかい》）が、この高野山に真言宗《しんごんしゅう》の総本山金剛峯寺《そうほんざんこんごうぶじ》を建立《こんりゅう》したのは、平安時代はじめの弘仁《こうにん》七（八一六）年だった。それ以来、高野山は聖なる場所とされ、多くの僧侶たちがここで修行にはげんだ。

だが、原則として女性は入山を許されなかった。高野山は明治初期までずっと「女人禁《にょにんきん》制《せい》」が守られてきたのである。それは高野山に限らない。かつては、比叡山《ひえいざん》など日本の霊山の多くが「女人禁制」とされていたのである。また、寺院でも女性を不浄《ふじょう》なものとして、参詣《さんけい》や修行を禁じているところが多かったのだ。

しかし、女性も人の子である。みな、それぞれ生きる上での悩みをかかえている。男性と同じように仏の道に導《みちび》かれたい、救われたいと願う女性がいるのは当然だ。

そんな時代に、悩み多き女性たちを受けいれた真言宗寺院がわずかにあったらしい。その一つが、都から遠く離れた奥山の麓《ふもと》にあったこの室生寺だという。そのため、この寺はいつの頃からか、「女人高野」と呼ばれるようになった。

室生寺が「女人高野」の寺、女性を受けいれる寺として存在したことが、どれほど多くの女性たちのこころの支えになったことだろうか。

家のため、家族のためにわが身を犠牲にした女性たち。夫や子供に先立たれて悲嘆にくれる女性もいただろう。恋を失った女性もいただろう。そうした女性たちが苦しみや絶望を胸に秘め、仏の救いを求めて室生寺へやってくる。

表門のすぐ前を室生川《むろうがわ》が流れ、その上には朱色《しゆいろ》の欄干《らんかん》の太鼓橋《たいこばし》がかかっている。見あげれば、深い杉木立の山がそびえている。

そして、石柱に刻まれた「女人高野室生寺」の文字。

女性たちはどんな気持ちでこの橋を渡ったのだろうか。何百年ものあいだ、数えきれないほどたくさんの女性たちが、橋の上を行き来したのだろうと思う。

川は結界《けっかい》である。この橋を渡った女性たちは、俗世を離れ、聖なる空間へと迎えられるのだ。おそらく、この橋のところへたどり着くまでには、一人ひとりにさまざまなドラマがあり、葛藤《かっとう》があったのではあるまいか。室生川の清流はそれを清めるイメージがある。川は濁《にご》った水も汚れた水も、すべてを差別なく受けいれて流れていくのだ。

いまでこそ、私たちは鉄道やバスや車を利用することができる。しかし、かつて人びとが室生寺へ詣《もう》でるのは、たいへんなことだったに違いない。ここは当時、大和の中心部からは遠くはなれている山里である。

この山中の寺を目指し、夏はけわしい坂を越え、冬は雪を踏みしめ、一人で山道をたどる女性たち。その真摯《しんし》でひたむきな後ろ姿がおのずと目に浮かんできた。

お堂の陰《かげ》にひっそりとたたずむ観音像

三月半ばだったが、私が室生に着いたときは、少し小雪が舞っていた。夜はかなり冷えこむ。翌日、雪はすでにやみ、あとは風の音が鳴るばかりだった。

この地はもともと火山帯に属していた。この一帯の山々が室生山と呼ばれ、ここを霊山とする山岳信仰《さんがくしんこう》が生まれた。そのため、古くは「室生山寺」と称《しょう》されていたという。

寺伝によれば、室生寺は天武《てんむ》十（六八一）年、天武天皇の願いで役行者小角《えんのぎょうじゃおづぬ》が創建し、のちに弘法大師《こうぼうだいし》によって真言宗の道場の一つになったとされている。

しかし、寺には伝説がつきものである。創建についても諸説さまざまだ。それから約百年後、この霊山で五人の僧侶が山部親王《やまべしんのう》（のちの桓武《かんむ》天皇）の病気平癒《びょうきへいゆ》を祈願した。それが、室生寺草創《そうそう》のきっかけになった、ともいわれている。

室生寺から東に一キロメートルほど行ったところに、室生龍穴《りゅうけつ》神社という神社がある。ここは龍神《りゅうじん》信仰の霊地で、平安時代から雨乞《あまご》いの行事が行われていたという。龍神は水の神様である。

龍穴神社からさらに山中にはいると、龍神が住むと言い伝えられてきた岩の裂《さ》け目がある。昼間でも、なにか不思議な雰囲気が漂《ただよ》っている場所だ。

この龍神信仰のほうが先にあって、室生寺は室生龍穴神社の神宮寺《じんぐうじ》として創建された、という説もあるが、よくわからない。逆に、室生寺が創建されたのちに寺を守護する龍神が考えられた、とする説もある。どちらも確証はないが、いずれにしても、かなり早くからこの一帯が神や仏の場所として信仰されていたことは間違いないだろう。

室生寺は最初、法相宗《ほっそうしゅう》の寺だったが、天台宗《てんだいしゅう》も兼ねていた。その後、真言宗と天台宗の道場、山林修行の場としても知られるようになる。現在は、真言宗室生寺派大本山《しんごんしゅうむろうじはだいほんざん》である。

じつは、「女人高野《にょにんこうや》」と称されるようになったのはいつごろか、それさえはっきりしていない。寺伝によれば鎌倉時代以降だという。

ただし、室生寺は元禄《げんろく》年間に、五代将軍綱吉《つなよし》の母・桂昌院《けいしょういん》の寄進《きしん》を受けて堂塔《どうとう》の復興に当たっている。桂昌院という有力なスポンサーを得たことがきっかけで、女人禁制の高野山に代わって女性に広く門戸を開いたのだ、という説もある。

仁王門《におうもん》をくぐると、いちばん参拝客が少ない季節ということもあり、境内は静まり返っていた。まず金堂《こんどう》へ向かい、御仏《みほとけ》に対面する。

金堂には釈迦如来立像《しゃかにょらいりゅうぞう》を中心に、薬師如来像《やくしにょらいぞう》、地蔵菩薩像《じぞうぼさつぞう》、文殊菩薩像《もんじゅぼさつぞう》、十一面観音像《じゅういちめんかんのんぞう》の五尊像《ごそんぞう》が安置されている。

左端に、女性にたいへん人気がある十一面観音がいらっしゃる。たしかに穏やかなお顔で、ちょっと伏《ふ》し目がちな表情が魅力的な像だった。その女性的でやさしい面差《おもざ》しは、

「女人高野」と呼ばれる室生寺にふさわしく見えた。

しかし、私にとっていちばん印象的だったのは、この有名な十一面観音ではない。正面に並ぶ五尊像のうしろで、陰になってひっそりとたたずんでいらっしゃる一体の仏像。いつの間にか、そちらにすっと視線がいってしまい、手招《てまね》きされているような、そんな感じがしたのである。なぜか私は、その像にとてもこころを惹《ひ》かれたのだ。

文献などを見ても、この像についてはなにも書かれていない。お寺のかたにうかがっても聖観音菩薩《しょうかんのんぼさつ》らしいという以外に、来歴《らいれき》はなにもわからないという。

仏像を拝見するとき、美術品のように鑑賞する方法もある。しかし、私は故事《こじ》来歴や、学問的なことや、美術批評的なものは、むしろ邪念《じゃねん》になるのではないか、という気がしている。ただその前に立ち、ああ、ありがたいな、という気持ちで拝《おが》むことが一番だろう。

いま、この仏さまに会えてよかった、室生寺に来てよかった、と素直に思えることのほうが大事なのではないだろうか。

私は室生寺の金堂で、奥のほうに隠れていらっしゃるようなこの聖観音菩薩に出会って、ふしぎに幸せな気持ちになれたような気がした。

別の寺にあった聖観音像を、村人たちが室生寺に運びこんだという

ギリシャ的な美とインド的な美

金堂の左側にあるのは弥勒堂《みろくどう》だ。このお堂の釈迦如来坐像《しゃかにょらいざぞう》は、土門拳《どもんけん》の室生寺の写真集で幾度となく見ている。彼はこの釈迦如来像について、「日本一の美男子の仏」だと述べていたはずだ。それがとても印象に残っていた。

一方、和辻哲郎《わつじてつろう》も、有名な『古寺巡礼』のなかで大和の仏像の魅力をさまざまに述べている。彼は飛鳥《あすか》から白鳳《はくほう》・天平《てんぴょう》時代にかけてつくられた仏像が、ギリシャ的な調和のとれた端正さを兼ねそなえているとして、高く評価していたようだ。それに比べて、豊満というか、ふくよかな感じのインド的仏像は、あまり彼の好みではなかったように思われる。

つまり、彼はヒンドゥー的肉感性に反発を感じていて、ギリシャ的端正さにこころを惹かれていたらしい。私が彼の『古寺巡礼』を読んでかすかな違和感を抱いたのは、その点だった。

当時の知識人は、ほとんどが西ヨーロッパ派だった。インド、アジア、ユーラシア周辺地域は、いわば文化の後進国であり、ギリシャ、ローマ、ヨーロッパとつづく文明こそ正統、と感じられていたのだろう。

和辻哲郎《わつじてつろう》が飛鳥・天平の仏教美術を賛美するのは、それがアジア的混沌《こんとん》から離れているからではないかと思うときがある。はるか文明の源として、ながく憧れてきたギリシャの影響を大和の地に見出して、彼はつよく感動したのではあるまいか。

それにくらべて、土門拳《どもんけん》が賛美するこの釈迦如来坐像《しゃかにょらいざぞう》は、体に厚みがあり、顎《あご》がしっかり張り、顔立ちもふっくらしている。

インドへ行ったときに実感したことの一つは、インドの女性たちが美男子と考えるのは、亡くなった俳優の勝新太郎《かつしんたろう》のようなタイプだということだ。ちょっとでっぷりして、ほっぺたもふっくらして、堂々としている男性。インドではそういう感じの男性が、美男子として人びとに認められているようだ。

そう考えてみると、この釈迦如来坐像も、きわめてインド的な美男子の相をおびているような気がする。土門拳と和辻哲郎の美意識のあいだに、このような差があるというのもおもしろい。

和辻哲郎の『古寺巡礼』はエッセイだが、土門拳も同じタイトルの有名な写真集をシリーズで出している。そして、土門拳の『古寺巡礼』は、じつは室生寺からはじまっていた。

今回、私は室生寺へ向かう太鼓橋の手前にある橋本屋《はしもとや》という旅館に泊まった。創業は明治四（一八七一）年だそうだ。土門拳が室生寺を撮影するときの常宿《じょうやど》だったのが、この橋本屋である。

その橋本屋の女将《おかみ》の奥本初代《おくもとはつよ》さんに、土門拳の思い出話を聞かせてもらった。

土門拳がはじめて室生寺を訪れたのは昭和十六（一九四一）年だった。彼はそれから何度も室生寺を訪れたが、雪景色の室生寺だけはどうしても撮れずにいたらしい。

昭和五十三（一九七八）年の冬も室生寺を訪れたが、やはり雪は降らなかった。もう一日だけ、と言って滞在を延《の》ばしたその翌朝、玄関を開けると一面の雪だったそうだ。

初代さんは思わず寝間着のまま、「先生、雪！」と叫んで土門拳に知らせたという。彼は「とうとう降ったね」と言うと、彼女の両手を握って涙をぽろぽろ流した。土門拳のスタッフだけでなく、旅館の仲居《なかい》さんたちも全員涙ぐんだ、というメロドラマのような話を聞いた。

そして、土門拳はついに雪の室生寺を撮った。そのことを、初代さんは昨日のことのように話してくれた。

土門拳《どもんけん》が室生寺を撮りつづけたのは、もちろん、室生寺の仏像や寺のたたずまいが気に入っていたからだろう。ただし、こうした彼のエピソードを聞いていると、それだけではなかったのではないか、と思われてくる。彼はこの室生寺の周りの村や、ここに住んでいる人たちや、人情などのすべてを愛していたのだろう。

七百段の石段をのぼって、おりる

「女人高野《にょにんこうや》」という言葉は、優美で女性的な寺を想像させる。ところが、そうではない。

室生寺の仁王門《におうもん》をくぐると、目の前に次から次へと石段が現れ、いちばん上の奥の院へ行くまでには、全部で七百段くらいの石段があるらしい。

いろんな人にその段数をたずねたのだが、ある人は七百五十段だと言い、別の人は六百八十段だと言う。こうなると、いったい何段あるのかどうしても知りたくなる。

そこで、若いスタッフに総数を数えてもらった。すると、仁王門をはいったところから一番上の奥の院にいたるまでの総数が、ぴったり七百段だったという。つまり、往復千四百段である。

古希《こき》を迎えた作家にとって、千四百段という段数はいささかハードだった。

足には自信があるのだが、まず用心して一歩ずつ石段をのぼりはじめる。最初は「鎧《よろい》坂《ざか》」と呼ばれる坂である。鎧の「さね」に似ていることから、自然とこう呼ばれるようになったらしい。

「女人高野」と称される寺にしては、いささか骨っぽい石段だが、踏む人の足を抱きしめるような感じがするところが私は好きだった。

背伸びをせずに、腰をかがめて低い目線でのぼっていくと、金堂が次第にせりあがるように現れてくる。仁王門のところからは全然見えなかった伽藍《がらん》が、少しずつ目の前に姿をあらわすのだ。こんなふうに、山寺の堂塔の配置というのは、石段をつかってこころにくい計算がされている。そこがまた、平地の寺とくらべるとおもしろい。

ようやく鎧坂をのぼりきると、正面が金堂、左が弥勒堂だ。さらにそこから上へ向かう二つの石段がある。一つはちょっと傾斜がゆるやかなので「女坂」かもしれない。もう一つは角度が急な石段だった。その石段をのぼりきると本堂（灌頂堂《かんじょうどう》）にたどり着く。

まだまだ先は長い。ここまでのぼって来ると、ようやくあの優美な五重塔がすがたを現す。ほとんどの人は、ここで一瞬、息をのむだろう。しかし、石段のぼりはここからが本番だ。奥の院へと導く急な石段が、まだ三百九十段あまりも残っている。「無明橋《むみようばし》」を渡り、「賽《さい》の河原《かわら》」と呼ばれる場所を越えて、杉木立のなか、昼なお暗い石段をのぼっていく。これをのぼりきらなければ奥の院へ行くことはできない。ひたすら自分の足で、一段一段のぼっていくしかない。次第に膝《ひざ》ががくがくしてきた。甘く見ていたのを後悔する。途中でひと休みしたが、見あげるとまだ延々《えんえん》と石段がつづいている。

ここまで来たからには絶対にのぼってやるぞ、と自分自身に言い聞かせて、息をきらせながらなんとか上までのぼりおえた。

明治以前、この奥の院に参詣《さんけい》するのはたいへんなことだった。当時は石段もなく、けわしい崖《がけ》のようなところを、女性たちは杖《つえ》をつき、草鞋《わらじ》を踏みしめながらのぼっていったはずだ。また、のぼるだけではなく、おりてくるのも危険だったらしい。

それほどの難行苦行《なんぎようくぎよう》をしてまで奥の院までのぼり、御影堂《みえいどう》の弘法大師像に参拝した女性たち。いったいどれほど切実な思いに駆《か》られて、女性たちはここを訪ねたのだろうか。

「女人高野《によにんこうや》」という言葉から受ける印象とは異なり、この山寺はじつは非常に男性的なものをもっていると私は思う。石段、杉の巨木、そして、むき出しの岩肌。

ひょっとして、女性は内面にこうした力強さを秘めている存在なのではなかろうか。奥の院までの七百段の石段をのぼって、私は女性の本当の強さというものをあらためて感じさせられたような気がした。

いまから五年前、平成十（一九九八）年九月二十二日、近畿地方を襲った台風七号が、室生寺の境内の杉の巨木を何本か倒した。そのとき、倒れた杉が五重塔の西北側の一層から五層までの庇《ひさし》の一部を破壊してしまったのだ。

台風で破損した五重塔のすがたは、傷つき、翼《つばさ》をもがれて飛べなくなった鳥のようだったという。

その無惨《むざん》な五重塔の映像は、またたく間に新聞やテレビで全国に報道された。すると、それを見てこころを痛めた人たちから、おどろくほどの勢いでカンパが集まってきたのである。しかも、真言宗の信徒のみならず、宗派を問わず、キリスト教の団体などからも寄付が寄せられたという。さらには、日本だけでなく海外からも、このことを知った人びとから浄財《じょうざい》が寄せられてきた。

その結果、カンパの金額は目標額を大きく上回り、予定より早く、台風の二年後の平成十二年に修復工事を終えることができたらしい。

現在、五重塔はふたたび「女人高野」のシンボルとして、その優美なすがたを取り戻している。少々ロマンチックすぎるかもしれないが、女性たちの思いがここに凝集《ぎょうしゅう》してこの塔が修復されたのだ、と思えてならない。

いま、こうしてよみがえった室生寺の五重塔は、何も語らない。しかし、その優美なすがたを眺めていると、塔が壊れたことも、それが人びとのカンパで再生したことも、いかにも「女人高野《にょにんこうや》」らしいエピソードだという気がしてくる。

小ささゆえの強さ、強くないがための強さ

室生寺、俗にいう「女人高野」。

私は最初、その言葉から女性的な寺を想像していた。しかし、意外に女性的ではなく、けっこう骨っぽい寺だ、という印象を受けた。

往復千四百段の石段。これをのぼっておりてくるのは、相当な粘り強さと体力がなければむずかしい。それに、この土地の気候。冬の厳しい冷たさと風。このような山中に寺をつくるということ自体、たいへんなことだったに違いない。

しかし、その骨っぽい寺という印象は、私のなかではまた徐々《じょじょ》に変化していった。そし

て、やはりここは「女人高野」だ、と納得するところがあった。

私たちが見る国宝級の建築物、あるいは古寺、名刹《めいさつ》というものは、創建されたときのすがたではなく、何度か兵火に遭《あ》っていることが多い。大きな火事で焼失するというだけでなく、戦争によって被害を受けて、炎上したり壊されたりしていることが多いのである。織田信長《おだのぶなが》による比叡山《ひえいざん》の焼《や》き討《う》ちは有名だ。石山本願寺《いしやまほんがんじ》も、信長との約十一年もつづいた石山合戦《いしやまかっせん》ののち、灰燼《かいじん》に帰《き》してしまう。そのあとにいまの大阪城ができる。

そんなふうに戦乱によって炎上する、あるいは古い形が失われるということが、歴史上には数多く起こっている。

けれども、室生寺は創建以来およそ千三百年にもわたる長い年月をへながら、兵火に遭わなかった。この室生寺の五重塔も、日本の平安初期の山寺では、当時のすがたが残っている唯一のものだという。

私はその話を聞いて非常に感動した。

男性的な寺というのは武力をもつ場合が多い。「僧兵」と呼ばれる自衛力を誇るのである。最初は、武士などが荘園《しょうえん》に侵入するのを防ぐという自衛が目的だったが、その後、しばしば朝廷に押しかけて、強訴《ごうそ》をするようになった。

平安時代末期の興福寺《こうふくじ》や比叡山延暦寺《ひえいざんえんりやくじ》の僧兵は、たいへんな猛威《もうい》をふるったらしい。白河上皇《しらかわじょうこう》は「天下三不如意《てんかさんふにょい》」として、「賀茂川《かもがわ》の水、双六《すごろく》の賽《さい》、山法師《やまぼうし》（延暦寺の僧兵）」の三つを挙げてなげいた、といわれている。

その延暦寺も信長によってほろぼされてしまう。強い自衛力をもった寺というのは、恐れられる存在ではあるが、逆に、また兵火に焼かれてほろびることが多いのではあるまいか。

室生寺はおそらく、僧兵がたむろするような強い自衛力をもった寺ではなかっただろう。室生の里の村人たちに支えられ、全国の女性たちの思いに支えられて、小さな五重塔や仏さまが宇陀郡《うだぐん》の山中にひっそりとたたずんでいる寺だ。

小ささゆえの強さ。あるいは、強くないがための強さ。

この寺がもつその「力」は、やはりある種の女性的なものであり、女性の真の強さ、あるいは女性の粘り強さではなかろうか、とふと考えた。

室生寺の一帯では有名な、ある女性の話を聞いた。今年九十歳になるというその女性は、この四十年間一日も欠かさず、早朝、往復千四百段の石段をのぼりおりして、奥の院へのお参りをしているという。雨の日も風の日も雪の日も一日も欠かさず、である。

この室生の里には、そうした強い信仰心をもつ女性たちがいて、時空を超えて、ひっそりと自分たちの寺を守りつづけているのだろう。

むしろ反省の意味をこめて言えば、われわれ男性には、とてもそうしたことはできないのではないか。やはり、室生寺は「女人高野」という名前だけでなく、女性的なるもの、女性のしなやかな強さによって支えられている寺だ、という気がしてならないのだ。

「女性」という永遠の謎

私たち人間は、誰もが女性から生まれてくる。そして、産声《うぶごえ》をあげたとき、最初に出会う女性というのは、たいていの場合は母親である。最初に出会う女性、つまり母親との出会いかたというのは、子供の一生に大きな影響を及ぼすのではないか。

私の母親は「働く女」だった。小学校の教師をしていたので、日中は家にいない。そのため、物心がついたときからずっと、女の人というのはそういうふうに働いているものだ、というイメージを抱いていた。母親のふところに抱かれてべたべたと甘えたことも、ほとんどなかった気がする。

私は父親の勤務先が変わるたびに、小学校を三回くらい転校してきた。ソウルから平壌《ピョンヤン》へ移ったころにはもう太平洋戦争がはじまっていた。

いまでも忘れられないのは、山本五十六《やまもといそろく》という海軍の連合艦隊司令長官《れんごうかんたいしれいちょうかん》が戦死したときのことである。飛行機に乗って前線を視察中に、米軍の飛行機に撃墜されたのだ。

当時の日本では、山本五十六は大変な英雄である。彼の戦死のニュースが伝わると、植民地だった朝鮮半島の日本人のあいだにも、大きなショックが走った。

そのときのことははっきりと覚えている。山本五十六戦死のニュースを新聞で読んだ母親が、ひょっとしたら日本は敗《ま》けるんじゃないかしら、とひとりごとのようにつぶやいたのだ。すると、父親は激怒して、そんなことを言うのは非国民だ、といきなり母親を平手でなぐった。

そのころ、日本の社会では、男が女をなぐるというのは、そんなに珍しいことではなかった。親は子をなぐり、学校の教師は生徒をなぐった。軍隊ではもちろんである。それと同じように、夫が妻をなぐるというのも、ごくふつうのことだった。

しかし、あとで考えてみれば、日本は敗けるんじゃないかしら、とつぶやいた母親の直感が当たっていたことは、いまさら言うまでもない。一方、父親のほうは、常日頃《つねひごろ》、いろいろ人にも戦局の解説などをして、最後まで日本が敗けるとは思っていなかったようだ。日本の勝利を信じきっていたのである。

敗戦後、間もなくして私の母親は亡くなった。私は少年のころから、人間の死、というものに慣れ親しんできた人間である。しかし、いつか自分の母親の死について、思いきって語りつくせる時期が来るのか、あるいは、そんな時は永久に来ないのだろうか、とずっと考えてきた。最近、やっとそのことを書けるようになったのは、私のこころの変化ではない。

「もう、書いていいのよ」

と、まるで夢のなかからきこえてくる声のように、どこからともなく母親の声がきこえるようになってきたからだ。

室生寺の奥の院への石段の途中に、室生の里が一望できる場所があった。眼下に美しい山村の風景が広がっている。なぜか子供のころのことをぼんやりと思いだす。風の音、川の水の音、樹木の緑。

こうしていると、自分の汚れきったこころが洗われるような気持ちになるのを感じる。

寺というものは、寺だけで成り立っているのではない。その地域の村とか町の人びとの思いや信仰心によってつづいてきているものだ。この室生寺も、室生の里の人びとの思いによって、千年、千二百年というふうにずっと守られ、育てられてきたのだろう。

国宝級の伽藍や仏像を保ってきた寺にも、たいへんな苦労があっただろう。しかし、私はむしろ、その寺を支えている人びとの思いこそが国宝級ではないか、という気がする。

そして、小ささゆえに強く、強くないがために強いという「女人高野」と呼ばれる室生寺の不思議さ。山中にこの小さな寺がつくられ、千二百年ものあいだしなやかに生きつづけてきたこと。それは、女性が永遠の謎であるのと同じように、永遠の謎かもしれない。

室生寺の急な石段をのぼりおりしながら、そのことを肌で感じた一日だった。

第二番　長谷寺《はせでら》

現世での幸せを祈る観音信仰

ざわめきのなかの信仰

長谷寺《はせでら》の本堂《ほんどう》へ向かう長い石の登廊《のぼりろう》をのぼっていくと、正面に圧倒的な感じでぐっと山が迫《せま》ってくる。ようやく本堂に着いた。ここからの眺望《ちょうぼう》も見事だ。パノラマのように景色がひろがって見える。北西には初瀬山《はせやま》、巻向山《まきむくやま》、東に天神山《てんじんやま》が眺《なが》められる。初瀬川が流れる谷間から山腹《さんぷく》にかけて堂宇《どうう》が数多く点在する。「こもりくの泊瀬《はつせ》」——ここは、山に囲まれた美しい土地だ。

長谷寺は、奈良県桜井市《さくらいし》初瀬《はせ》の里にある。

「初瀬」は古くは「泊瀬」とも書かれ、のちには「長谷」も使われるようになった。そのため、現在は地名は初瀬、寺の名前は長谷、と書くらしい。

『万葉集《まんようしゅう》』の歌には、よく「隠国《こもりく》の泊瀬」という言葉が登場する。「隠国の」は泊瀬にかかる枕詞《まくらことば》で、この地が山に囲まれていることを表している。泊瀬は、飛鳥《あすか》時代以前の古代大和王権の中心地でもあった。『日本書紀《にほんしょき》』には、雄略《ゆうりゃく》天皇の次の歌がある。

登廊を登って上方の本殿に着く。本殿の舞台は清水寺とともに有名

隠国《こもりく》の　泊瀬の山は　出《い》で立ちの　よろしき山　走《わし》り出の　よろしき山の　隠国の
泊瀬の山は　あやにうら麗《ぐわ》し　あやにうら麗し

古代の人びとはこのように山見をし、山に霊力を感じ、山ぼめの歌を詠《よ》んだのだった。長谷寺は、また、別名「花の寺」とも呼ばれている。

花の寺　末寺《まつじ》一念《いちねん》　三千寺《さんぜんじ》

これは、高浜虚子《たかはまきよし》が長谷寺を詠んだ句だ。「三千寺」とは、長谷寺が真言宗豊山派《しんごんしゅうぶざんは》総本山《そうほんざん》で、約三千の末寺があることを示している。

私が訪れたときは、まさに桜が満開だった。枝垂《しだ》れ桜、山桜など数千本の桜が競うように咲き乱れ、山腹の堂塔伽藍《どうとうがらん》が花に包まれている。三百六十度、見渡すかぎり花、花、花。花の海のまっただ中にいて、まるで花に溺《おぼ》れそうな感じだった。

どこから集まったのだろうと思うほど、大勢の参拝客であふれている。中高年の女性グループや子供連れの家族もいれば、手をつないで歩く若いカップルもいる。カメラと三脚をかかえたアマチュア写真家のすがたも目立つ。

参道を歩いているときから、奈良の他の大きな寺の門前とは雰囲気が全然違う。両側に並んだみやげ物店や旅館なども、非常に庶民的だ。湯葉《ゆば》、吉野葛《よしのくず》、三輪《みわ》そうめん……。店先で草餅《くさもち》を蒸している店から美味《おい》しそうな香りが漂《ただよ》ってくる。

なんとなく東京の下町のような感じである。門前には次々に観光バスがやってきて、大勢の団体ツアー客を運んでくる。全国から長谷寺をめざして集まってくる人びとのざわめき。そうしたにぎわいが、この一帯にはあふれている。

静寂でひっそりとしている寺は、それはそれでいい。宗教とはそういう厳粛《げんしゅく》なものだ、という考えかたもあるだろう。でも、この長谷寺のように、市井《しせい》の喧噪《けんそう》を感じさせる寺もまたいい。私は、むしろこういう寺こそが、仏教の本道をゆくものではないかという気がしている。「俗っぽい」ということは、じつはとても大事なことなのだ。

最近、大学や美術館や図書館やホールなどの文化施設が、都市の中心部から郊外へ出ていく傾向がある。都会の喧噪を離れて自然環境に恵まれた郊外へ、ということなのだろう。だが、私はそれにはあまり賛成できない。

もともと大学とは、象牙《ぞうげ》の塔だった修道院とはべつに、実用の勉強をする目的で市井につくられたものである。やはり街中にあって、劇場も映画館もあり、図書館も美術館もそのあたりに全部あり、隣りには歓楽街もあるというのが理想だ。そうしたざわめきのなかに人間のカルチャーというものはある、と私は思うからだ。

宗教もそれと同じではないか。聖なるものを求めつつも、宗教の母というのは俗なるものだという気がする。そこから足が離れてしまえば、結局、寺は観光施設になってしまうか、あるいは、仏像が展示されている宗教博物館になってしまうだろう。

その意味で、長谷寺は生きている。市井の人びとの信仰心に支えられて生きている。

平安時代以来、「初瀬詣で《はせもう》」は人びとの憧れであり、願いでありつづけてきた。中世もそれがつづき、江戸時代になると庶民の参詣《さんけい》が急増した。

それは当時、この寺の本尊《ほんぞん》の十一面観音菩薩《じゅういちめんかんのんぼさつ》が、霊験《れいげん》あらたかな仏さまとして津々浦々《つつうらうら》まで広く知られていたからだった。法華経《ほけきょう》のなかの観音経では、観音菩薩は衆生《しゅじょう》のあらゆる危難《きなん》に応じてさまざまな姿に変化し、救い、願いをかなえ、教化《きょうけ》を行うとされている。

これは、大乗仏教《だいじょうぶっきょう》の思想で考えられた他の仏とはかなり違う。大乗仏教の仏は、さとりの境地への象徴としての「浄土《じょうど》」を信仰の中心としていたからだ。わかりやすくいえば、観音信仰は「浄土」ではなく「現世」の利益を祈願することに結びついている。

そして、長谷寺の本尊は、人間のこの世のすべての憂《うれ》いや悩み、病苦や悪心を除いてくれる仏さまとして、むかしから多くの人びとの信仰を集めてきた。

その伝統がいまなおずっと生きつづけているのが、この寺の興味ぶかいところなのだろう。

観音と地蔵菩薩《じぞうぼさつ》が合体した仏像

長谷寺の創建《そうけん》についても諸説ある。寺伝によれば、朱鳥元《しゆちよう》(六八六)年、天武《てんむ》天皇の勅願《ちよくがん》によって、興福寺《こうふくじ》の僧・道明《どうみよう》が「銅板法華説相図《どうばんほっけせっそうず》」を現在の五重塔《ごじゆうのとう》の近くに安置した。これが「本長谷寺《もとはせでら》」である。

その後、聖武《しようむ》天皇の命を受けた徳道《とくどう》という僧が神亀《じんき》四(七二七)年、いまの本堂のところに伽藍を造営し、十一面観音菩薩立像をつくって祀《まつ》った。これが「後長谷寺《のちはせでら》」で、この二つが一緒になって長谷寺が成立したと考えられている。平安時代には観音信仰の霊場になり、官寺に準じる寺とされた。

本尊の十一面観音菩薩についても、さまざまな草創縁起《そうそうえんぎ》や霊験説話《れいげんせつわ》が伝えられている。

そのうち、はたしてどれが史実なのかはわからない。しかし、そうした伝説が語り伝えられてきたこと自体、この仏への人びとの信仰の篤《あつ》さを示しているといえるだろう。

長谷寺はくり返し何度も火災に遭《あ》っている。そのため、すでに平安時代の建物はまったく残っていない。本尊も何度も焼失し、そのたびに再興されている。

現在の本尊は、室町時代の天文《てんぶん》七(一五三八)年に東大寺《とうだいじ》仏師《ぶっし》の実清《じっしょう》良覚《りょうかく》の手でつくられたものだ。高さが十メートルあまりある本尊は、木造仏では日本最大級の大きさだという。ちなみに、東大寺の大仏は銅造仏で、約十五メートルの高さがある。それよりは少し小さいものの、金色に輝くすがたには圧倒される。

この十一面観音菩薩像《じゅういちめんかんのんぼさつぞう》は、じつは「長谷寺式」と呼ばれる独特のすがたをしている。左手には観音像らしく宝瓶《ほうびょう》を持ち、右手には地蔵像のような錫《しゃく》杖《じょう》と念珠《ねんじゅ》をもっている。それは観音と地蔵菩薩が合体したものらしい。

地蔵菩薩は僧侶のすがたをしていて、杖を片手にとことこ歩き、人びとを救済する菩薩である。街角や里の田んぼなどにある、「お地蔵さん」として親しまれている庶民的な存在だ。一方、観音という菩薩も、ある意味では人びとを救済することによって修行して、如来《にょらい》になろうとする存在である。それを一般に「仏さま」と人びとは呼んできた。

高さ10m以上。安置される本殿は東大寺大仏殿に次ぐ大きさ

つまり、長谷寺の本尊は、観音であると同時に地蔵の優しさも秘めている仏さま、ということなのだろう。観音も地蔵も、俗世界におりてきて人びとの悩みや苦しみを取りのぞき、願いをかなえてくれる。そして、やがては抽象的で遠いところにある真実の如来《にょらい》、つまり仏になるという存在だ。だからこそ、この長谷寺の本尊が庶民信仰の対象になるのである。

そう考えると、これほど多くの人びとがこの観音菩薩を参拝するために集まってくるのも当然だ、という気がする。

さらに、この長谷寺の信仰のなかには、病気平癒《びょうきへいゆ》とか商売繁盛《しょうばいはんじょう》とか所願成就《しょがんじょうじゅ》とか、いわゆる現世利益《げんぜりやく》的な要素が非常に多くふくまれている。水子供養《みずこくよう》の地蔵像も、かなり人目を惹《ひ》く場所に堂々とならんでいた。

現世的な日々の悩み、家庭のなかでの祈りや希望、そういうものをかなえてくれる寺。あるいは人びとを癒《いや》してくれる寺。そういう寺として、古来からずっと庶民の信仰の対象になってきたのが、長谷寺の特徴だと言えるだろう。

「花の寺」というと、非常にロマンチックな感じがする。しかし長谷寺は、ロマンチックであると同時に、現実の世界で神仏から利益を得たい、という現世利益を願う寺でもあるのだ。一見、女性的で優美でロマンチックだが、芯《しん》のところには庶民救済、現世利益というしっかりした骨太《ほねぶと》なものが感じられる。

有名な七千株の牡丹《ぼたん》の花にもこんな言い伝えがある。

この牡丹は中国の唐時代の皇妃《こうひ》・馬頭夫人《めずぶにん》に由来するという。彼女は顔が長く、鼻が馬に似ていたため、馬頭夫人と呼ばれたらしい。

その馬頭夫人が、日本の長谷観音の霊験あらたかなることを聞いて、なんとか美しくなれるように、と毎日長谷寺に向かって祈禱《きとう》をした。すると、素晴らしい美女になれたというのだ。そのお礼に、彼女は宝物とともに牡丹を数株寺に献納《けんのう》した。それが、いまの長谷寺の牡丹園のはじまりだという。

顔が美しくないために不遇な目にあっていた女性が、美女になることを祈願する。要するに、長谷観音に現世利益を願い、それがかなえられたという伝説だ。この馬頭夫人の話を聞いて、自分も美しくなりたい、と初瀬《はせ》詣《もう》でをして祈った女性もずいぶんいたことだろう。

そもそも、寺が栽培する花というのは基本的に薬草である。長谷寺の牡丹も、本来は薬の原材料にするために栽培されたものだと思う。元は薬草園だったものが、こうしていまは見事な牡丹園に転じ、その花を見るために大勢の人びとが集まってきているわけだ。

十一面観音菩薩《じゅういちめんかんのんぼさつ》の霊験譚《れいげんたん》を集めた『長谷寺験記《はせでらげんき》』には、この馬頭夫人の伝説も含めて五十二話の説話が収められている。このなかにも、子宝《こだから》を授かった話や病気が全快したという話が多い。やはり、人びとの現世利益を願う気持ちの、切実さがうかがえる。

現代の巡礼とスニーカー

長谷寺はもとは東大寺の末寺だった。それが、十世紀末には興福寺《こうふくじ》の支配下におかれて法相宗《ほっそうしゅう》の寺になる。真言宗《しんごんしゅう》の寺院に変わったのは十六世紀末である。

十七世紀初めには徳川家《とくがわけ》の帰依《きえ》を得て、荒廃していた寺が再建される。現在は真言宗の豊山派総本山《ぶざんはそうほんざん》で、末寺は三千寺あまり、檀信徒《だんしんと》は約二百万人だという。

やはり、宗教というものは生きている。まして、寺は人びとのなかに生きるものだ。時代とともに寺のすがたも変化していくのは不思議ではない。その変化のなかに、その寺に託《たく》する時代の思い、あるいは人びとの希望や祈り、というものがある。

したがって、たとえ宗派は変わっても、千二百数十年来の観音信仰は変わることがなかった。幾度となく大火や兵火に見舞われながら、そのたびに伽藍が再建され、本尊も再興されてきた。長い歴史のなかで宗派を変えながら、こうして寺が生きつづけ、これだけの人びとの信仰を集めている。これは大変なことだ、とあらためて感じないではいられない。

観音信仰は奈良時代後期から盛んになり、平安時代になると大流行した。京都の清水《きよみず》寺《でら》、近江《おうみ》の石山寺《いしやまでら》とならんで、長谷寺には平安貴族、とくに女性たちが競って参詣した。あの紫式部《むらさきしきぶ》や清少納言《せいしょうなごん》も参詣したらしい。

そのため、さまざまな古典のなかに長谷寺参詣の話が登場する。代表的なものだけでも、紫式部の『源氏《げんじ》物語《ものがたり》』、清少納言の『枕草子《まくらのそうし》』、菅原孝標女《すがわらたかすえのむすめ》の『更級日記《さらしなにっき》』、藤原道綱《ふじわらみちつなの》母《はは》の『蜻蛉日記《かげろうにっき》』などを挙げることができる。

清水寺や石山寺にくらべて、京から長谷寺までの道のりは遠い。交通が発達したいまでは実感がないが、当時は京から長谷寺まで三日ほどかかったらしい。それほど苦労をしてまで、彼女たちは長谷寺に参籠《さんろう》し、長谷観音に祈願することを熱望したのである。

そして、平安末期になると、西国三十三所《さいごくさんじゅうさんしょ》の観音霊場が成立した。そのコースは、一番の熊野《くまの》の那智《なち》の青岸渡寺《せいがんとじ》から、近畿地方一円をめぐって、岐阜の華厳《けごん》寺を三十三番として終わる。いわば、観音さまの救済を願う人びとのための巡礼コースである。

伝説によれば、この観音霊場巡礼の風習をはじめたのは、長谷寺の徳道《とくどう》という僧だという。これは史実ではないようだが、長谷寺は実際に西国三十三所の第八番札所《ふだしょ》である。そして、三十三ヵ所のなかでは、第十六番の京都の清水寺と並んで巡礼者に人気が高い。

三十三という数字は、観音経で観音菩薩が三十三の化身《けしん》をして人びとを救う、という思想からきているという。西国《さいごく》三十三所、坂東《ばんどう》三十三所、秩父《ちちぶ》三十四所の三コースで、全部で百ヵ所の観音霊場を巡礼する「百観音巡礼」というのもある。

ちなみに、これらとは別に「お遍路《へんろ》さん」と呼ばれるのが、弘法大師《こうぼうだいし》ゆかりの霊場を巡る四国八十八箇所《しこくはちじゅうはちかしょ》だ。

交通路が整わない鎌倉時代までは、山河を越えて数百里の道を徒歩で巡るのは、文字通り難行苦行《なんぎょうくぎょう》だった。そのため、最初のうちは一部の修行僧のみが巡礼していた。

それが、室町時代になると、一般の人びとのあいだにも西国三十三所巡礼が広まってくる。商人や農民、はては乞食《こじき》にいたるまで、大勢の人びとが現世での幸せを願って巡礼の旅をするようになった。江戸時代にはいると、さらに巡礼が爆発的なブームを呼ぶ。

その巡礼ブームが、じつは現在もつづいているのだ。

白装束《しろしょうぞく》を身にまとい、手には金剛杖《こんごうづえ》をもった巡礼の人びとが、私が長谷寺を訪れた日にもたくさん来ていた。見ていると、圧倒的に中高年が多い。「観光巡礼」という言葉もあるくらいで、大半の人はバスかタクシーを利用している。むかしのように歩いて巡る、という人はごく一部にすぎないようだ。

とくに巡礼をする人が急増したのが一九九〇年代以降、バブル経済が破綻《はたん》した後だといわれている。その後、日本は長引く不況から抜けだせず、相変わらず出口が見えない暗いトンネルのなかにとどまったままである。

巡礼者には、会社をリストラされたり、転職を余儀《よぎ》なくされたという人もいる。あるいは、定年を迎えたり、離婚をしたり、大病をわずらったり、家族と死別したことがきっかけで、巡礼の旅に出る人も多いという。

人生をやり直すきっかけを求めたい。そんな切実な思いから、人びとは寺巡りをはじめるのだろう。特別な信仰心はなくても、実際に寺を巡り、仏さまと対面し、祈りを捧《ささ》げているうちに、こころが救われる人もいるのだろう。

むろん、純粋な宗教的行為として巡礼の旅に出る人もいる。あの白装束は、もともとは死に装束を模《も》したものだといわれている。最初のころの霊場巡礼は、もっときびしい修行としての意味が強かったに違いない。

だが、観光バスに乗り、団体ツアーで巡礼しているような人びとは、決められた時間内で参拝し、御朱印《ごしゅいん》を押してもらい、現世利益を願う。現代の巡礼はずっと手軽であり、世俗的だ。

しかし、俗っぽくてもいいし、観光巡礼でけっこうだと私は思う。江戸時代の巡礼はすでに、単に信仰のためではなくなって、行楽の要素を含んでいたといわれている。当時の庶民にとって、巡礼は物見遊山《ものみゆさん》の旅でもあったのだ。

実際に、私が長谷寺で出会った巡礼者の団体は、白衣は着ていたものの、足元を見ると全員が新しいスニーカーだった。そのすがたは、現代の巡礼を象徴しているようにも見える。

霊場を巡礼する人びとは、よく「同行二人《どうぎょうににん》」という言葉を菅笠《すげがさ》などに記している。これは、観音巡礼の場合は、つねに札所の本尊がともに巡っているという発想だ。四国八十八箇所のお遍路さんの場合は、弘法大師《こうぼうだいし》との二人連れということである。

だからこそ、一人でも巡礼の旅がつづけられる。

このように、誰かと一緒、という感覚はとても大事なことだろう。

誰かがつねに見ていてくれる、誰かの声が聞こえる。そんな目に見えない「誰か」をもつこと。それが、じつは宗教というものなのではなかろうか。

影がない世界では光も見えない

私たちの日常の暮らしのなかで、宗教というものはなかなか見えてこない。

しかし、警察庁の発表によれば、今年の正月三が日の全国のおもな神社仏閣の初詣《はつもう》での人出は、延《の》べ人数で八千六百二十二万人だったそうだ。日本の総人口が約一億二千万なのだから、これは途方《とほう》もない数字だ。しかも、一年前より百三十一万人も増加している。初詣でには、若い女性たちも着物姿で出かけている。

全国トップの人出は今年も明治神宮で、約三百万人だった。それに対して、東京ディズニーランドとディズニーシーを訪れた行楽客の合計でも、三十七万六千人だったらしい。

四国八十八箇所を巡るお遍路さんも最近ますます増えて、年間約二十万人とも聞いた。私が長谷寺で見かけた西国《さいごく》三十三所巡礼の人びとも、年間を通してみればかなりの人数に達しているだろう。それ以外のコースをまわる巡礼者の数まで入れて計算すれば、相当なものになるはずだ。全国には百あまりのさまざまな巡礼コースがある。

世界では、キリスト教徒のエルサレム巡礼や、イスラムのメッカ巡礼などが有名だ。最近では、スペインのサンチァゴ巡礼も人気を集めているらしい。

しかし、日本でもいま、これほど多くの人びとが霊場巡礼の旅をしている。長谷寺を訪れてみて、それはなぜだろうか、とあらためて強く感じさせられた。

長谷寺の観音信仰は「現世利益」を願うものだ、と前に述べた。それは、本尊が観音と地蔵が合体した特殊な像である、というところでも納得がいく。さらに、水子地蔵でもわかるように、この寺は庶民信仰、世俗信仰によっても支えられている。

現代人はこうして霊場巡りや寺巡りをすることで、なにを求めているのか。最近、巡礼ブームに対してよく使われているのは、「こころの癒《いや》し」という月並みな言葉だ。

最初の目的は「病気が治りますように」とか「仕事が見つかりますように」とお願いすることかもしれない。世の中には、そうせずにはいられないほど苦しんでいる人もいる。それは否定できない。

けれども、いくら現世利益を祈願していても、それが簡単にかなうと思っている人は、実際には少ないだろう。やはり、それ以上に、祈ることでこころの安《やす》らぎを得ることのほうが、その人にとっては大きな意味があるのではないか。

長谷寺に詣でて、あの巨大な十一面観音菩薩像《じゅういちめんかんのんぼさつぞう》と対面して両手を合わせる。そのとき、ふと声なき声を耳にする。

「あなたは、こうして存在するだけでいいのだよ」

「生きているだけで意味があるのだよ」

誰かが自分を見つめ、そうやさしく語りかけてくれている気がする。そうすると、つらくて苦しい生活のなかでこころが落ちつく。

もちろん、それでも人生の苦悩はつきない。では、いったいなにが変わるのか。たぶん、それは苦しみながらもそれに耐えていける、ということではないか。

結局、私たちの一生は「一寸先《いっすんさき》は闇《やみ》」である。

私たちの生きている様子とは、まさに一寸先も見えない闇夜を、手探りで歩いているようなものだ。

はっきり周囲が見えていると思いこんでいる人でも、何時間かのちに生を失うこともある。交通事故もある。突然の病死もある。犯罪、戦争、天災、どれも予測しがたい。生と死はつねに背中合わせにある。

私たちはみな、光と影の両方に生きている。プラスがあればマイナスがあり、生があれば必ず死がある。結局、宗教というものは、現実とは反対の「あの世」のことだ。それを神の国というか、仏の浄土というかはたいした問題ではない。なによりも大事なことは、現実というものは目に見える「この世」だけでは成り立たない、という真実である。

光なくしては影がない。また、影がない世界では光も見えない。それと同じように、現実は、非現実の存在なくしてはありえない。非現実は現実によって存在している。そして、現実は非現実が存在することによって支えられている。

日本人は無宗教の国民だ、と思われていることが多い。たしかに、私の周囲の人びとを見ても、宗教に関心をもっている人はあまり多くない。年に一度、夏のお盆休みに帰省してお墓参りをする消極的な仏教徒、といったところだろう。

しかし、正月に初詣でをする人も、巡礼の旅に出る人も増えている。花見のシーズンに、長谷寺を参拝する人もこれほどたくさんいる。それはやはり、なにか信仰というもの、目に見えないものへの信頼というものをもっていたい、ということではなかろうか。

「花の寺」であり、「霊験あらたかな長谷観音」がおわす長谷寺。この寺に集まってくる人びとのすがたに、私はそんなことを考えさせられたものだった。

第三番　薬師寺《やくしじ》

時をスイングする二つの塔

千三百年の時を超えて、東塔《とうとう》と西塔《さいとう》は並んでいる

薬師寺《やくしじ》を訪れた日は、天気予報通り雨になった。

一瞬、薄日が射《さ》してきたので、予報がはずれたかと思ったが、その後雨足《あまあし》が強くなった。前にここを訪れたときは、再建されて間もない西塔が、真っ青な空にそびえていた気がする。目にも鮮《あざ》やかな朱色と緑と白。塔の上の相輪《そうりん》が、明るい日射しを浴びて金色に輝いていた。そして、ずいぶんけばけばしい金ぴかの塔だな、という印象が残った。

一方、東塔は創建《そうけん》当初のすがたで古色蒼然《こしょくそうぜん》としている。私の目はクラシックな東塔のほうに親しみを感じ、新しく誕生した西塔には違和感をおぼえたものだった。

しかし、それから二十年あまりの歳月がすぎている。いまの西塔は、再建当初のように金ぴかには感じられなくなっていた。とくに、この雨空のおかげで、華やかな色合いの塔がしっとりと落ち着いて見える。

金堂《こんどう》の正面に立つと、左手に色鮮やかな西塔、右手に古びて貫禄《かんろく》のある東塔が見える。左右の塔のシンメトリカルな配置は時代の違いを感じさせる。新しさと古めかしさ。それ

が奇妙に調和していて、なんともいえず魅力的だ。この光景を見ると、薬師寺に来たという感じがする。二つの塔のコントラストと調和が、この寺のいちばんの見どころかもしれない。

人によって左右の塔の好みは分かれるだろう。クラシックな東塔のほうが好きだという人もいれば、新しい華麗な西塔のほうが好きだという人もいるに違いない。

いまの私は、どちらかというと西塔のほうに新しい魅力を感じている。曇天《どんてん》を背景にそびえる西塔のすがたには、あたかも浄土のような華やかさがある。

東塔のほうは、薬師寺のなかで唯一創建当時の白鳳《はくほう》様式を伝える建築物だ。二度の火災に遭《あ》いながら、幸運にもこうして千三百年間残っている。この塔は、アメリカの東洋美術史家、フェノロサが「凍《こお》れる音楽」と称賛したことでも知られている。

當麻寺《たいまでら》や法輪寺《ほうりんじ》の三重塔とは違って、それぞれの屋根の下に裳層《もこし》がついているので、六重塔のように見える。また、相輪を飾る水煙《すいえん》は、空中を舞い音楽を奏《かな》でる天女――「二十四の飛天《ひてん》」の透《す》かし彫りで有名だ。軽やかな律動感《りつどうかん》があってたいへん美しい。

会津八一《あいづやいち》は、この薬師寺でもいろいろな歌を詠《よ》んでいる。

西塔から見た東塔。1300年の時をへて並ぶ二つの塔は独特の景観

すゐえんの　あまつをとめが　ころもでの　ひまにもすめる　あきのそらかな

これに対して、佐佐木信綱《ささきのぶつな》にも次の短歌がある。たいへん有名な歌だ。

ゆく秋の大和の国の薬師寺の塔の上なる一ひらの雲

二つを比べてみると、個人的には〝ご当地ソング〟の名手である会津八一《あいづやいち》のほうにやや軍配《ぐんばい》を挙げたくなる。いきなり「水煙の」と出てくるところがすごい。

いま、薬師寺では、白鳳時代そのままの伽藍《がらん》配置を見ることができる。東塔と西塔が左右に並び、その後ろに金堂と大講堂《だいこうどう》がある。これに対して、後述するように、日本最古の飛鳥寺《あすかでら》の場合は、一つの塔を三つの金堂が取り囲んでいた。ずいぶん配置が違っている。

飛鳥寺と薬師寺の建立時期《こんりゅうじき》には、約百年の隔《へだ》たりがある。そのあいだに、寺院のもっとも重要な施設が、仏舎利《ぶっしゃり》を納《おさ》める塔から仏像を安置する金堂へと変わっていった。薬師寺の中心は金堂で、塔はむしろ装飾的なものになった。

その薬師寺の現在の伽藍は、東塔を除くと、西塔も金堂も中門《ちゅうもん》も回廊《かいろう》も昭和に再建されたものである。最初に金堂が再建されたのが、昭和五十一（一九七六）年だった。つづいてその五年後に西塔が建った。さらにその三年後に中門が復元されている。

平成にはいってからも玄奘三蔵院伽藍《げんじょうさんぞういんがらん》が新設された。そして、今年の春、ついに復興事業の最後を飾る大講堂が完成し、創建時を思わせる落慶法要《らっけいほうよう》が営まれた。散華《さんげ》も華やかに行われた。

こうして、三十五年という長い歳月をかけて、創建当時の白鳳伽藍がほぼよみがえった。二十一世紀のいま、東塔以外のほとんどが〝新品〟という薬師寺が出現したのである。

奈良の古い寺の大半は、薬師寺と同じように兵火や火災で伽藍を失っている。失われた建物を復元するのはそれほど簡単なことではない。そのため、創建時には存在していた東《とう》大寺《だいじ》や飛鳥寺の塔も、いまは礎石《そせき》が残るのみの〝幻の塔〟になっている。

そのなかで、私たちはいま、薬師寺の千三百年前の伽藍を、当時の華やかな色彩で目にしているわけだ。

薬師寺は千年後を視野にいれながら、現代に生きている寺なのである。

玄奘は法相宗《ほっそうしゅう》の始祖《しそ》にして、『西遊記《さいゆうき》』のモデル

薬師寺が創建されたのは七世紀の終わりである。天武《てんむ》元（六七二）年に壬申《じんしん》の乱《らん》が起こり、天智《てんじ》天皇の弟の大海人皇子《おおあまのみこ》と皇子《おうじ》の大友皇子《おおとものみこ》が皇位継承をめぐって争う。このとき勝利した大海人皇子が即位して、天武天皇となった。

薬師寺は、その天武天皇が、皇后（のちの持統《じとう》天皇）の病気平癒《びょうきへいゆ》を祈って天武九（六八〇）年に発願《ほつがん》した寺だ。しかし、天武天皇は薬師寺が完成する前に亡くなっている。

一方、病気が治った皇后は、夫である天武天皇の跡を継いで持統天皇となり、薬師寺の建立にも力をつくした。完成したのは文武《もんむ》二（六九八）年ごろだといわれている。未亡人は強し、といっては失礼だが、夫の死後、元気を回復した妻が女帝となって、さまざまな活躍をなさったわけだ。

最初に薬師寺が建立されていたのは藤原京《ふじわらきょう》だった。やがて、都が平城京《へいじょうきょう》に移ると、それに伴《ともな》って現在地（奈良市西ノ京町）に移転した。

「青丹《あおに》よし奈良の都は咲く花の薫《にお》うがごとくいま盛りなり」（小野老朝臣《おののおゆあそみ》）と讃《たた》えられた平

城京。そこには薬師寺、東大寺、大安寺《だいあんじ》、元興寺《がんごうじ》、興福寺《こうふくじ》、西大寺《さいだいじ》の六つの大寺があり、少し離れた法隆寺《ほうりゅうじ》も含めて「南都《なんと》七大寺」と呼ばれていた。この七つの寺は、七堂伽藍《しちどうがらん》が整った大寺として栄えていた。

薬師寺は現在、興福寺とならんで法相宗《ほっそうしゅう》の大本山《だいほんざん》である。法相宗はかつての南都六宗《なんとろくしゅう》の一つで仏教を学問として研究するものだった。真宗《しんしゅう》や浄土宗《じょうどしゅう》や真言宗《しんごんしゅう》などとは性格が違う。つまり、いわゆる「檀家《だんか》」という形で一般大衆の生活に密着したものではない。

薬師寺にしても、東大寺にしても、法隆寺にしても、当時は学問の府だった。これらの寺では、南都六宗のすべてが研究されていたという。いまで言えば、仏教総合大学みたいなものだろう。そのなかで、薬師寺でもっとも大事にされていたのが法相宗だった。

法相宗とは、仏教のなかで非常に奥深くて複雑な「唯識《ゆいしき》」という思想を研究する学派である。薬師寺は、その唯識という学問を究《きわ》める寺として知られていた。

ここではとても説明しきれないが、唯識とは文字通り、すべての事象は「識」、すなわち人間のこころの働きから生じるという思想だ。

俗に、仏教界では「唯識三年、倶舎《くしゃ》八年」と言われているらしい。唯識は三年かかってやっと入り口にたどりつけるくらいで、倶舎（南都六宗の一つ）というのは八年かかってもまだわからない、ということだろう。いずれも非常に難解だということを示している。

じつは、私はかつて唯識を少しばかりかじってみたことがある。しかし、すぐに退散した。近代のヨーロッパの心理学者たち、ユングやフロイトさえもが唯識を知って、千数百年も前に仏教はこういうことを研究していたのか、と驚嘆したそうだ。それだけに、とうてい私などの歯が立つものではなかった。

それでも、唯識がたいへん現代的な学問であることや、現代人の心理を分析する上での大きな文化的遺産である、ということはよくわかった。

この唯識をインドで学び、中国へはじめて本格的にもちこんだのが玄奘三蔵《げんじょうさんぞう》である。玄奘は法相宗の始祖であり、信仰に裏づけられた大旅行家ともいえるだろう。

中国の唐代の学僧だった彼は、当時、まだ中国に伝えられていなかった経典《きょうてん》を得るために、六二九年に長安《ちょうあん》を出発してインドへ旅立った。シルクロードから中央アジア、インド各地まで砂漠や雪山を越えて危険な旅をしたのである。

何度も命を失いそうになりながら、苦難の末にインドへたどりついたのは二年後だった。彼は、インドのナーランダで唯識を学び、膨大な経典や論文、仏像や仏舎利《ぶっしゃり》をもって帰国の途《と》につく。長安に到着したのは六四五年。じつに、十七年にもわたる旅だった。

その後、道昭《どうしよう》という日本の僧が中国に留学して、玄奘《げんじよう》の門下生になった。日本にはじめて法相宗を伝えたのは、この道昭である。

ちなみに、玄奘は経典の翻訳を進めるかたわら、弟子の手を借りてインド往復の見聞を『大唐西域記《だいとうさいいきき》』という本にまとめた。のちに、それをもとに書かれたのが『西遊記《さいゆうき》』だ。

中国で「四大奇書《しだいきしよ》」と呼ばれる小説は、『水滸伝《すいこでん》』『三国志演義《さんごくしえんぎ》』『金瓶梅《きんぺいばい》』『西遊記』だそうだ。いずれも「四大奇書」の名にふさわしい傑作だが、日本人にとってはやはり『西遊記』がいちばん親しみ深いのではないか。三蔵法師《さんぞうほうし》、孫悟空《そんごくう》、猪八戒《ちよはつかい》、沙悟浄《さごじよう》など、登場人物の名前もすぐに浮かんでくる。

『西遊記』は私にとっても思い出深い作品だ。たしか戦争中だったが、エノケンこと榎本《えのもと》健一《けんいち》主演の『孫悟空』という映画を見たのが、私の映像体験の第一歩だったのではないかと思う。

現在、薬師寺の境内のいちばん北に玄奘三蔵院伽藍《げんじようさんぞういんがらん》がある。平成三(一九九一)年に完成したこの建物は、まだ生まれたばかりのように朱と緑の色彩が鮮やかだ。

後ろをふり返ると、ちょうど額縁に納まったように東塔と西塔が見えた。黒っぽい相輪と金色の相輪。そのあいだに見える大講堂の金色の鴟尾《しび》。それらが、雨に濡れ、若葉の緑に映えている。いまの薬師寺には、古いものと新しいもののあいだでスパークするようなエネルギーを感じる。

伽藍の復興を実現させた「写経勧進《しゃきょうかんじん》」

大伽藍を誇っていた薬師寺の最初の受難は、天禄《てんろく》四（九七三）年の火災だった。このとき、金堂と東塔・西塔以外の伽藍がすべて焼ける。さらに、戦国時代には、享禄《きょうろく》元（一五二八）年の兵火で金堂と西塔も焼けてしまう。残されたのは、東塔とわずかな建物のみだった。その後、本尊の薬師《やくし》如来《にょらい》は仮金堂に置かれ、講堂は江戸時代に再建された。ただし、この講堂は、創建当時とはまったく異なる様式の建物だったそうだ。

戦後、薬師寺の伽藍を創建時のままによみがえらせよう、という気運が高まってくる。そして、昭和四十二（一九六七）年、前管長《ぜんかんちょう》の高田《たかだ》好胤《こういん》師（平成十年没）が白鳳伽藍の再建を発願した。聞くところによれば、当初は、金堂だけでも復興できればいい、という切実な状況だったらしい。

なにしろ、これだけの大伽藍を創建当時のすがたに復元するには、膨大な資金が必要になる。しかし、薬師寺は学問の府として存在していて、ふつうの檀家《だんか》というものをもっていない。それに、いまは、国家権力や豪族や貴族をスポンサーにして寺が成り立っているような時代ではない。

では、いったいどうやって伽藍を整備していったのだろうか。

じつは「写経勧進《しゃきょうかんじん》」という方法をとったのである。全国の大勢の人びとがここに集まってきて「般若心経《はんにゃしんぎょう》」を写経する。自宅で書いたものを送ってもよい。書き写されたお経は薬師寺に納められる。そのとき、志《こころざし》としていくらかのお金を寄付するのだ。

寄付集めのための新しいアイデア、というと軽薄に聞こえるかもしれない。しかし、写経することによって、自分の信仰、信心というものが形となってこの寺に残される。自分が寄付したお金で立派な堂宇《どうう》が建つ。その喜びを得るために、予想をはるかに上回る人びとが写経をしたのである。

なかには、三十年にもわたって毎月のように写経をしつづけている人もいるという。もし、大企業の寄付などに頼っていたら、おそらく金堂の再建だけで終わっていただろう。とはいえ、最初に「百万巻《ひゃくまんがん》」という目標を立てたときは、とても無理だと笑われたらしい。しかし、「写経勧進」は大きな波のように広がっていった。「写経道場」をのぞいてみると、全国各地から集まった善男善女《ぜんなんぜんによ》が墨《すみ》をすり、筆をもって、熱心に文字を書きつけていた。

いまでは、納められた写経の巻数は七百万巻あまりにも達するという。その一人ひとりの善意に支えられ、三十五年にもわたる白鳳伽藍の復興事業が、夢ではなく現実のものになった。金堂が復元され、西塔が再建され、中門ができ、ついに大講堂が完成する。こうした形で寺が成り立つというのは、非常に興味深い。

私はふと蓮如《れんによ》のことを考えた。

かつて山科《やましな》に本願寺《ほんがんじ》をつくったとき、蓮如も「南無阿弥陀仏《なむあみだぶつ》」などの名号《みようごう》を自分でたくさん書いている。これは、いわば蓮如のサインのようなものだ。彼は訪ねてくる人たちにその名号を分かち与え、それに対してお布施《ふせ》をいただいた。

そのため、蓮如は朝から晩まで名号を書きつづけたという。自分は三国一《さんごくいち》の名号書きだ、と自嘲《じちよう》して笑っていたとも言い伝えられている。

ただし、蓮如はお布施を集める目的だけでサインをしたのではない。真宗で信仰の対象とする「南無阿弥陀仏」「帰命尽十方無碍光如来《きみようじんじつぽうむげこうによらい》」「南無不可思議光如来《なむふかしぎこうによらい》」などの名号を、一所懸命書いては多くの人びとに配《くば》ったのである。彼はそうすることで寺を支えたのだ。

外部の援助はいっさい受けず、自力で本願寺を建立したのである。

特定の権力者や大きな体制の庇護《ひご》を受けて成り立っている寺に比べて、蓮如《れんにょ》がつくった寺には、寺本来の志というものが感じられる。

薬師寺も、この写経勧進のようなさまざまなアイデアを駆使して、新しい施設をどんどんつくった。そのため、一部の文化人たちからは、うさんくさい目で見られたこともあったようだ。

だが、本来の宗教のすがたは、少数の特権的な豊かな層に支えられて栄えるものではない。大勢の民草《たみくさ》、一人ひとりの気持ちで支えられるべきものだろう。薬師寺はまさにいま、大衆の志や信心に支えられている。そのことを改めて実感した。

金ぴかから黒いすがたに化身《けしん》した薬師如来《やくしにょらい》

薬師寺を再建する際に棟梁《とうりょう》を務めたのが、宮大工《みやだいく》の西岡常一《にしおかつねかず》氏（平成七年没）である。西岡氏の『木に学べ』などの著書には、薬師寺再建の具体的な経緯が書かれている。ヒノキや道具の話なども非常におもしろかった。西岡氏によれば、樹齢千年以上のヒノキを使った木造建築なら、千年はもつという。

驚いたのは、薬師寺の西塔は基壇《きだん》が高くなっており、塔も東塔より一尺（約三十三センチ）高くなっている、という話だった。完成した建築物は、それ自体の重量のために必ず少し沈み、それに木の縮みが加わるので、その分高くしておけば、二百年くらい経《た》って西塔と東塔が同じ高さになる、というのである。

いま、日本の大都市の建築や現代建築というのは、鉄筋コンクリートのビルが圧倒的に多い。しかも、だいたい五十年単位でものを考えているようだ。そのなかで、木を使って五百年、千年という単位を考えて建てるというのは、ものすごい自信と自負がなければできないことだと思う。

その西岡氏が薬師寺で最初に手がけたのが、金堂の復元だった。

じつは、このとき西岡氏は大論争をしたらしい。現在、金堂には本尊の薬師如来像と日《にっ》光《こう》・月光菩薩《がっこうぼさつ》像《ぞう》が安置されている。この三つの像はすべて国宝だ。そのため、防火シャッターをつけたり、中心の部分をコンクリートでつくらないと建築許可がおりないという。西岡氏の主張は「ヒノキは千年もつが、コンクリートは三百年しかもたない」というものだった。しかし、結局、金堂の内部にはコンクリートが使用されることになった。

どちらの言い分が正しかったのかは、いずれ千年後にわかるだろう。

その金堂のなかにはいった。中央に薬師《やくし》如来《にょらい》、脇士《わきじ》（脇侍《きょうじ》）として向かって右側に日光《にっこう》菩薩《ぼさつ》、左側に月光菩薩《がっこうぼさつ》がいらっしゃる。薬師如来は東方の浄瑠璃《じょうるり》世界の教主《きょうしゅ》とされている仏さまだ。人びとを病苦から救い、癒《いや》してくださるということで、古くから庶民にさかんに信仰されている。

この三体の銅像がつくられたのは、白鳳とも天平《てんぴょう》ともいわれ、はっきりしていない。最初は金メッキがほどこされていたが、いまはそれが失われて地肌の黒い銅が現れている。そのため、黒光りして神秘的な雰囲気をかもしだしている。つくられたときはぎらぎらと光る金色の仏さまだったことを想像すると、なんとなくふしぎな気持ちになった。

和辻哲郎《わつじてつろう》は『古寺巡礼《こじじゅんれい》』のなかで、この薬師如来について「東洋美術の最高峰」とまで絶賛している。

たしかに薬師如来の表情は威厳に満ち、体軀《たいく》は堂々としている。もし、私が病に苦しんでいるなら、やはりこうしてこの像を拝むだけで、こころの安らぎや頼もしさをおぼえるに違いない。

その一方で、私の俗っぽい目はどうしても脇士の日光・月光菩薩のほうに向いてしまう。どちらも美しい立像である。仏さまというより、非常に人間的で、官能的でさえある。

最近、若者のあいだで流行しているローライズ・スタイルのように、おへそが出ている。有《あ》り体《てい》に言えば「ヘソだしルック」だ。そして、伏し目がちに下を眺めている表情がいい。その横顔がとても魅惑的だ。薬師如来が男性的な雰囲気なのに対して、この両菩薩のほうは女性的で、なまめかしさを感じさせる。

病気や死などに対する人間の恐怖や不安。そこから救い、安心させてくれるのが薬師如来である。一方、両脇の菩薩は、早く元気になって、一緒に楽しく生きていきましょう、と誘いかけているようだ。

こうして見つめていると、当時の仏教の信仰が、現実性と観念性の狭間《はざま》にあったということを痛感する。日本に仏教が伝来した初期のころは、現世利益《げんぜりやく》というものがやはり大きかったのだろう。「生老病死《しょうろうびょうし》」という人間の悩みを聞いてくれるものとして、当時の仏教は人びとに信仰されてきた。

そのなかで、黄金に輝くこの薬師三尊《やくしさんぞん》は、人びとのこころを強くとらえたに違いない。そして、官能的に感じられるほど、生々しいエネルギーを発していたのだろう。それが、こうして千三百年以上の歴史をへて、人びとに安らぎを感じさせる、この落ち着いた黒いすがたに化身《けしん》なさったのだ。そんな気がしてくる。

もう一つ、薬師寺には有名な仏像がある。東院堂《とういんどう》に安置されている聖観世音菩薩像《しょうかんぜおんぼさつぞう》だ。この像は、飛鳥から天平時代への過渡期《かとき》につくられた傑作として名高い。この像も銅造で最初は全身が黄金に輝いていた。その表面が剝《は》がれて、いまはつややかな古銅の色である。

それにしても、なんとファッショナブルな像なのだろうか。

髪を結《ゆ》って宝冠《ほうかん》のようなもので留め、肩の上にも長い髪が少し垂れている。首には豪華なネックレスをして、左右の手首にはブレスレットが見える。ウエストラインから少し下がったところにはベルトをしているのだが、それが非常に装飾的で美しい。

さらに、裳《も》と呼ばれる巻きスカートを身につけ、肩から下のほうには、幅の広いリボンのような布を斜めにかけている。そのシルエットが素晴らしい。スリムでウエストがくびれていて体型も美しい。

いま、このままファッションショーに出てもおかしくない。それくらい見事な造形美だという気がする。

仏さまという信仰の対象に向かってこんなことを書くと、不謹慎《ふきんしん》だと言って怒る人もいるだろう。だが、私はこの御仏《みほとけ》に素晴らしい人間的な共感をおぼえるのだ。そして、なんと美しいのだろう、なんと現代的なのだろうと、ますますこの聖観音が好きになった。

枯《か》れた姿だけで判断してはいけない

薬師寺は古代と現代、過去といま、そして未来というものを、一度に体験させてくれる寺である。

私たちはお寺の伽藍や仏像のように古いものを見るとき、その〈古さ〉を愛《め》でる傾向がある。むしろ、その〈古さ〉に価値を見出そうとする。その反面、それがつくられた当時の華やかな面影や、ある種のけばけばしさを想像することは少ない。

けれども、東塔の約千三百年前のすがたというのは、おそらく再建直後の西塔のように、驚くほど色鮮やかで派手だったのだ。

そして、いまの東塔はまぎれもなく、西塔の千数百年後のすがたである。これほど華やかな西塔も、千年以上の時をへれば、色があせてクラシックな塔になっているはずだ。

「子供笑うなきのうの自分、老人笑うなあしたの自分」というような言葉がある。それと同じように、私は西塔の鮮やかな色を見ながら、その千年後のすがたを想像した。また、東塔の古びた色を見ながら、その千年前のすがたを思い浮かべた。この二つの塔を見比べていると、千数百年という悠久の時間が一挙に流れていくようで、ふしぎな気分になってくる。

金堂の薬師三尊《やくしさんぞん》も東院堂《とういんどう》の聖観世音菩薩《しょうかんぜおんぼさつ》も、最初は金ぴかだった。いまの落ち着きや安らぎとは正反対に、華やかさやエネルギーに満ちたすがただった。古い伽藍も仏像も、最初は私たちを仰天《ぎょうてん》させるようなバロック的な色合いだったのだ。

それが、時間がたつにつれて、少しずつものさびた感じになってくる。私のようにぎとぎとした青年時代をすごした人間が、ある程度の年齢になって、こうしてお寺まいりをするのもそうかもしれない。まだとても枯淡《こたん》の境地には達していないが、そんなふうにして人も枯れていくのだろう。

だが、待てよ、と思う。私たちはある人の晩年の枯れたすがただけで、まるでその人の全生涯を知ったように考えてはいないだろうか。

名人といわれる落語家も、若いころは妙でケレン味のある芸をやったりしている。それが、年齢を重ねるにつれて大人の芸になっていき、最後に名人の域に達するのだ。その枯れたところだけを見て、在《あ》りし日のすがたを想像するのは、大きな間違いである。

私たちは何気なく「古典」という言葉を使っている。しかし、「古典」もできたときはピカピカの「新作」だった。じつは、その時代においては非常に前衛的な「現代作品」だったのかもしれない。そのなかから生き残ったいくつかのものが、後世《こうせい》の人たちに「古典」として鑑賞されるようになる。

そう考えると、薬師寺の東塔を見て、古代の日本人の美のセンスをわかったつもりになるのは、やはり間違いではないか。いまの私たちが、色あせて古びたものをいいと感じるのはかまわない。ただし、それは東塔に対する本当の評価ではない。本来は、あの東塔がつくられた当初のすがたや色彩から、その時代の人びとの感性を考えるべきだろう。

なかには、あの西塔の色彩はけばけばしくて好きになれない、という人もいるだろう。それはそれでかまわない。ただし、少なくとも、つねに両方から見るのを忘れない、ということが大事だと思う。そうすることで、歴史の見えかたが違ってくる。

私が訪れたときは、薬師寺の境内《けいだい》の一画《いっかく》にモダンアートのレリーフが展示されていた。一九九〇年代後半につくられたまさに現代芸術だ。薬師寺の大講堂落慶《らっけい》を祝して献《けん》じられたものだという。作者は、チェッコ・ボナノッテというイタリアを代表する彫刻家である。

古いお寺のなかにイタリア人が創作したモダンアートがある。それが、ふしぎに周囲の景観と調和して美しく見えた。東洋と西洋、古代と現代という違いを超えて、そこには人間の生命の輝きのようなものが感じられた。

かつて、薬師寺の西塔の再建についても、古寺の趣きをこわす、とんでもない、という反対意見が多かったそうだ。たまたまその最中に、フランスの文化大臣で美術評論家としても名高い、作家のアンドレ・マルローがここを訪れた。マルローといえば、『人間の条件』などの作品を私たちは愛読したものである。

西塔の再建に関して意見を求められたマルローは、それは建てるべきだ、と迷わず答えたという。

そのエピソードを聞いて思いだしたことがあった。

一九六〇年代のフランスのパリは真っ黒な街だった。ほこりや車の排気ガスで黒く煤《すす》けていたのである。そのため、グレーのシックな洋服が似合う、と言われるほどだった。

そんなパリが、黒から白に劇的に変わる。ドゴール政権下で文化大臣をしていたマルローの指令で、建築物が徹底して洗われた。歴史的な建物もエアーコンプレッサーや薬品などで洗われた。凱旋門《がいせんもん》が白くなり、ノートルダム寺院が白くなった。ついに真っ白なパリが出現したときはさすがに驚いた。

そのときも、激しい反対運動が起こり、異論もたくさん出たらしい。それに対してマルローが新聞紙上で答えたという言葉を、私はいまでも記憶している。このとき、彼は「建造物は、建造されたときのすがたで見られる権利を有する」と語ったという。

黒いパリから白いパリに変わり、それに伴ってパリのファッションは一変する。それまでは、シックなグレーや黒が似合うといわれていた街に、ウンガロやピエール・カルダンなどのイタリア的ファッション、あるいは地中海的な色とりどりのファッションがあふれるようになったのだ。

「建造物は、建造されたときのすがたで見られる権利を有する」

薬師寺の東塔が建造されたときのすがたは、まさにいまの西塔のすがただったただろう。灰色の空の下で眺める薬師寺は、ひときわ魅力的だった。

雨は、まだやまない。

第四番 唐《とう》招《しょう》提《だい》寺《じ》

鑑真《がんじん》の精神が未来へ受け継がれていく

落ち着いたたたずまいと、凛《りん》とした風格

唐招提寺《とうしょうだいじ》は「鑑真和上《がんじんわじょう》」のお寺である。

鑑真の業績については教科書にも紹介されている。たいていの日本人は、一度は彼の名前を聞いたことがあるはずだ。

井上靖《いのうえやすし》氏の歴史小説『天平の甍《てんぴょういらか》』を読んで、鑑真のことを知ったという人も多いだろう。日本への渡航を決意してから五度にわたる挫折。それでもあきらめなかった彼が、ついに奈良の平城京《へいじょうきょう》に着いたのは、天平勝宝《てんぴょうしょうほう》六（七五四）年だった。その鑑真が開いたのが、現在、奈良市五条町にある唐招提寺である。

唐招提寺は私が大好きな寺の一つだ。これまでにも何度か訪れたことがあるが、境内《けいだい》の自然の美しさや堂宇《どうう》の魅力とともに、独特の風格のようなものを感じさせるお寺だ。

鑑真以外にも異国から来た僧は少なくない。しかし、彼ほど日本人に崇敬《すうけい》された人は、ほかにはいないだろう。唐招提寺には鑑真の墓所があるが、広くて立派なものだ。

聞いた話によると、中国では、あの玄奘三蔵《げんじょうさんぞう》の墓でさえ所在がわからなくなっていて、

唐招提寺の伽藍は、質実とした確かさと凛とした緊張感をかもしだす

日中戦争の際に偶然発見されたらしい。鑑真《がんじん》のことも、彼の母国の中国では、長いあいだ一般にはほとんど知られていなかったそうだ。

中国で鑑真の偉業が評価されることになる直接のきっかけは、安藤更生《あんどうこうせい》氏（元早稲田大学教授・故人）が書かれた『鑑真大和上伝之研究』という大著だった。安藤氏は、鑑真研究の権威として知られる東洋美術史学者である。井上靖《いのうえやすし》氏に鑑真のことを書くように勧めたのも、この安藤氏だったという。

その後、鑑真の没後千二百年に北京《ペキン》と揚州《ようしゅう》で記念式典が開催された。さらに、鑑真の故郷である揚州には「鑑真紀念堂」がつくられ、鑑真和上《がんじんわじょう》坐像《ざぞう》の一時里帰りも実現している。

安藤更生氏の名前は、別のところでも聞いたことがあった。じつは、私の友人に画家でミュージシャンで俳優でもあるという甲斐大策《かいだいさく》氏がいる。彼は学生時代、安藤更生氏のゼミに所属する教え子だったのである。しかも、ずいぶんお世話になったらしい。

当時から放浪の旅をつづけていた甲斐氏は、「早稲田逗留《とうりゅう》十年」という最長記録を誇っている。ふつうは、八年までしか大学には置いてもらえない。ちなみに、私の場合は早稲田に六年いて〝横にでた〟のだが、彼は無事に卒業した。それは、恩師である安藤氏が教授会で何度も発言して、自分の調査に彼は必要だ、とかばってくれたからだという。安藤氏のお人柄をうかがわせるエピソードである。

先年、唐招提寺を訪れたときは、瀬戸内寂聴《せとうちじゃくちょう》さんとご一緒させていただいた。奈良にはたくさんの名刹《めいさつ》があるが、瀬戸内さんも、唐招提寺はとくに好きなお寺だとおっしゃっていた。やはり、この寺には他の寺にはない魅力があるらしい。

そのとき昼食をご馳走《ちそう》になった。お寺の食事というのは、簡素ではあるが、どこも例外なくおいしい。唐招提寺でいただいた麦飯の一汁二菜《いちじゅうにさい》は、とくに美味だった記憶がある。

もう一つ忘れられない思い出は、瀬戸内さんが鑑真和上坐像の前で五体投地《ごたいとうち》をなさったこと。五体投地とは、両膝・両ひじ・額を地につけて行う仏教における最高の礼法である。突然のことだったので、びっくりしたのと同時に強烈な印象が残った。

ところで、今回はそのときと比べて、寺の様子が大きく違っている。

南大門の前に立つと、正面に見えるはずの金堂《こんどう》の代わりに、巨大な銀色の建物が目に飛びこんでくる。まるでジャンボジェット機の格納庫《かくのうこ》のようだ。金堂は、すっぽりとその建物に覆われている。

阪神《はんしん》・淡路《あわじ》大地震がきっかけで、唐招提寺では建物全体の調査を行った。すると、梁《はり》や垂木《たるき》などのたわみがひどく、ただちに修理を施す必要があるという結果がでた。

それから少しずつ準備が進められ、まず金堂に安置されていた本尊《ほんぞん》の盧舎那《るしゃな》仏坐像《ぶつざぞう》や千手観音立像《せんじゅかんのんりゅうぞう》などの仏像が運びだされた。さらに、金堂もいちばん上の鴟尾《しび》から順番に外していって、今年中には基壇《きだん》のところまで解体するという。

年末までに解体調査が終了すると、来年からはいよいよ組立がはじまる。すべての解体修理が終わり、金堂が私たちの前にふたたび美しいすがたを現すのは、平成二十一（二〇〇九）年夏の予定である。

唐招提寺の金堂は天平《てんぴょう》後期の建立《こんりゅう》で、現存する天平時代の金堂建築では唯一の遺構《いこう》だという。もちろん、建立されてから千二百年という長いあいだには、何度も修理が行われている。しかし、全面的な修理は今回がはじめてだそうだ。いわば、この平成の大修理によって、八世紀後半につくられた金堂を、さらに千年先へと伝えていくわけだ。

さすがに、唐招提寺拝観の中心である金堂の修理中ということで、参拝客はまばらだった。修学旅行生の団体も見えない。

だが、この寺にはほかにもたくさん見どころがある。校倉造《あぜくらづく》りの経蔵《きょうぞう》と宝蔵《ほうぞう》も素晴らしい。そして、目に鮮やかな新緑。快晴に恵まれて、ただこの場にいるだけで幸せな気分になってくる。藤棚には白い藤が見事に咲いて、かすかに甘い香りを漂《ただよ》わせていた。

金堂の解体工事の現場で思う

この金堂については、いままでに多くの文人たちがその美しさを讃《たた》える文章を書いている。解体修理以前、この金堂を正面から眺めたときのすがたは、まさに端正《たんせい》で美しかった。

金堂の前面には八本の円柱が一列に並んでいる。よくギリシャのパルテノン神殿の柱に比べられるものだ。しかし、屋根の曲線は、ギリシャの古代建築とはかなり趣きが違う。その柱と屋根の美の両方が、唐招提寺の金堂で見事に調和している。

現在進行中の解体工事の現場を、特別のご厚意によって見せていただくことができた。何年か前、バチカンのシスティーナ礼拝堂の修復現場を見学させていただいたことを思いだす。私にとっては二回目の貴重な体験である。

案内してくださったお寺の録事《ろくじ》、石田太一《いしだたいち》師によれば、唐招提寺の金堂は、千二百年のあいだに大きな修復工事が四回ほど行われているという。つまり、三百年ごとに一度という計算になる。今度の工事でも、少なくともこれから三百年間はもたせたいそうだ。

ということは、次の修復工事が行われるのは、早くても三百年以上先だということになる。もちろん、美しい金堂を見られないのは残念だ。だが、一生のうちにたまたまその時期にめぐりあって、こういう機会を得られたのは、むしろ幸運だったと喜ぶべきだろう。渡されたヘルメットを頭にかぶり、内部につくられている階段をのぼっていく。ここが唐招提寺だということを忘れるほど、内部は完全に工事現場と化していた。

こうして現場を見ると、金堂の大きさを実感できる。それに対して、作業をしていた宮《みや》大工《だいく》のかたは意外に少なく、三、四人だった。このかたたちは、奈良県教育委員会の文化財保存事務所の所属で、いわば「宮大工の公務員」だという。

見ていると、クレーンが静かに古代ヒノキの長大な桁材を吊《つ》りあげていく。いったいどこで操作しているのだろう。そう不思議に思って周囲を見回したが、わからない。

すると、石田師が作業中の一人のほうを指した。目を凝《こ》らすと、その人の手には携帯電話のように小さなリモコンが握られている。彼がその手持ちのリモコンで、巨大なクレーンを自在に操作していたのである。

これが建てられた千二百年前には、クレーンのような機械はまったく存在しない。あの重いヒノキの部材を、人間の手でいったいどうやって吊りあげたのか。おそらく、大勢の人びとが協力して作業をしたのだろう。機械もコンピュータもなしに、人間の知恵と当時の最新のテクノロジーを駆使して工事を行ったのだ。

とくに、鑑真《がんじん》とともに来日した渡来人《とらいじん》グループのなかには、寺院建築の知識や高い技術をもつ人が含まれていたらしい。それにしても、これほどの大工事を、よく千二百年も前にやったものだと驚く。

宮大工《みやだいく》の西岡常一《にしおかつねかず》氏の著書にも書かれていたが、樹齢千年以上のヒノキは千年以上の風雪にも耐える。今回の金堂の修理でも、使える部材はすべて再利用する、という話だった。もちろん、補強のために新しい木材も使われる。この修理の目的は構造補強であり、もろくなっている箇所を補強していくのである。

「地垂木《じだるき》」に使われるというヒノキの値段を聞いて、一瞬言葉を失った。垂木というのは屋根の裏板を支える部材で、棟《むね》から軒《のき》に整然と細かく渡されているものだ。石田師の説明では、地垂木は「化粧垂木」とも呼ばれ、建造物のなかで一番高価な部材だそうだ。国産のヒノキで、なんと一本二百五十万円。それを今回の修復のために十本購入したという。

ところが、かつてのヒノキといまのヒノキとでは、年輪の密度がずいぶん違うらしい。いまのヒノキのほうが密度が低く、割れやすいのである。石田師は、温暖化の影響や伐採《ばっさい》後の乾燥期間の短縮など、さまざまな原因を挙げていらした。古代木造建築の修理や復元というのは、想像していた以上にたいへんなことだ、とつくづく思った。

とはいえ、もし古い木造建築をそのままにしておけば、いつかは朽《く》ちて倒壊してしまう。それを防ぐためには、たえずメンテナンスをしていくことが必要である。世界最古の木造建築といわれる法隆寺《ほうりゅうじ》の伽藍にも、過去に修理された跡があちこちに残っている。

古代の伽藍が今日まで伝えられてきた陰には、古人の地道な努力があった。そうして維持されてきたものを、これから未来へと伝えていくのは、やはり現代人に課せられた責務だろう。

唐招提寺は、鑑真《がんじん》の遺徳《いとく》をしのぶ人びとの手で守られてきた。そして、古い伽藍とともに鑑真の精神も伝えられていく。お寺というものは、そうやって命をながらえていく。金堂の修理現場で私はしみじみそう感じた。

命を投げだしても遂行すべきミッション

古来宗教というのは、宗教であると同時に一大総合文化だったといえるだろう。

医学も、建築も、音楽も、文芸も、思想哲学も、ファッションも、碁《ご》や、書や、尺八《しゃくはち》も、仏教と一体となって渡来したといっていい。もちろん、料理や食材もである。鑑真の来日が、私たちにそれを具体的に教えてくれる。彼は驚くほど多彩な品々を、日本に持参したらしいのである。

現在、鑑真に関する史料は、淡海三《おうみのみ》船《ふね》という人が、それ以前の史料から抜粋してまとめた『唐大和上東征伝《とうのだいわじょうとうせいでん》』が残るのみだ。そのなかに、鑑真の二回目の出航準備のために整えられた品目が記載されている。大きく分けると、食料品、仏像、経典、仏具、薬品・香料、その他、ということになる。

食料品としては、牛蘇《ぎゅうそ》（ヨーグルト）、乾胡餅（ゴマ煎餅）、甜豉（味噌《みそ》）、捻頭《ねんとう》（ドーナツ）などがある。また、薬品のなかには、糖蜜《とうみつ》、蔗糖《しょとう》（砂糖）、胡椒《こしょう》などもあった。当時、これらは薬として使われていたのだろう。日本に味噌を伝えたのが鑑真だった、というのは初耳だった。それまでの日本には、味噌汁もなかったことになる。

物ばかりではない。このとき鑑真に同行した僧は十七人、それ以外に画師や彫刻家や刺《し》繡工《しゅうこう》や石碑《せきひ》工《こう》なども含めて百八十五人の大集団だった。さらに、渡来者のなかには、中国人のほかにペルシャ人やベトナム人もいた。

まさに、鑑真は宗教とともに、国際色豊かな唐の文化を日本へ運んだのだった。

鑑真《がんじん》は六八八年に中国の揚州《ようしゅう》で生まれている。十四歳で出家し、二十一歳のときに具足《ぐそく》戒《かい》を受けて比丘《びく》となった。具足戒とは教団で決められた戒律《かいりつ》のすべてを守ることで、それを受けいれてはじめて正式な比丘、つまり僧侶になるのである。

中国では最初、「四分律《しぶんりつ》」という律が広く研究されていたが、そのなかで南山大師《なんざんだいし》の「南山宗《なんざんしゅう》」がもっとも盛んになる。鑑真は、この南山大師の孫弟子に当たる。

天平四《てんぴょう》（七三二）年、普照《ふしょう》と栄叡《ようえい》という日本の僧が、遣唐使《けんとうし》船《せん》に乗って唐へ旅立った。彼らの目的は、唐から日本へ戒師《かいし》と戒律の専門家を招くことだった。当時、日本にはまだ、正式に戒律を伝える僧がいなかったのだった。

しかし、普照と栄叡はそれから十年間長安《ちょうあん》に留学したものの、適当な伝戒師《でんかいし》を見つけることはできなかった。彼らが鑑真に面会したのは天平十四（七四二）年である。

そのとき鑑真は五十代半ばで、中国律僧の第一人者として尊敬されていた。鑑真は自分の弟子たちに、誰か日本へ行く者はいないか、とたずねた。しかし、一人も名乗りでる者がいない。ついに鑑真は、それなら私が行くと言い、自ら日本へ旅立つ決心をする。

いまの私たちが、気軽に中国へ旅行する感覚とは違う。唐から見れば日本は遠く離れた辺境の地で、文字通り百回に一回成功するかどうか、という命がけの渡航だったのだ。

鑑真は五度の渡航に失敗して挫折をくり返すが、それでもあきらめなかった。五度目の渡航のときには海南島《かいなんとう》へ漂流し、潮風のために目を傷《いた》めてしまう。その後、失明しながらも、鑑真は日本をめざした。

そして、六度目の航海でようやく九州の薩摩《さつま》に漂着する。志を立ててから、じつに十二年の年月がすぎていた。

六十六歳という年齢、しかも失明した身で、なぜ日本行きを途中で断念しなかったのだろうか。おそらく、彼にとっては日本へ赴《おもむ》くことが、命を投げだしても遂行《すいこう》すべきミッションだったからだろう。

日本に着いた鑑真は、聖武太上天皇《しょうむだいじょうてんのう》、孝謙《こうけん》天皇をはじめとする四百四十八人あまりに、東《とう》大寺《だいじ》で授戒する。そして、天平宝字《てんぴょうほうじ》三（七五九）年、律を研究するための寺を創建した。それが、唐招提寺である。最初は講堂だけだったが、鑑真の死後、弟子たちの手で金堂や五重塔などがつくられた。

金堂の西には大きな石造の壇がある。これが戒壇《かいだん》だ。戒壇は僧侶の資格を授ける場所で、唐招提寺でもっとも特色のある場所だといえる。最初はこの戒壇にもお堂があったが、嘉永《かえい》元（一八四八）年に、盗人の放火によって焼失している。

のちには下野《しもつけ》の薬師寺《やくしじ》と筑紫《つくし》の観世音寺《かんぜおんじ》にも戒壇が設けられている。唐招提寺とこの二つの寺の戒壇は「天下の三戒壇」と呼ばれていた。

鑑真《がんじん》は天平宝字七（七六三）年五月六日に亡くなった。日本で過ごした期間はわずか九年間。しかし、彼が日本の仏教界においてはたした役割は大きかった。鑑真が来日したことで、東大寺に戒壇が設けられ、はじめて正式な授戒の作法が整った。僧たちは、東大寺で受戒したのちに唐招提寺で戒律を学び、それぞれの寺に戻るようになった。

唐招提寺は現在も律宗《りつしゅう》の本山《ほんざん》である。律宗は南都六宗《なんとろくしゅう》の一つで、戒律の研究と実践を主とする宗派だ。戒律を守ることは仏教の根本的な行為であり、僧・尼・在家信者のそれぞれに対して戒律が定められている。律宗は仏教の厳しい面を代表する宗派だともいえる。

そのため、明治の廃仏毀釈《はいぶつきしゃく》以降、他の宗派に転じた寺も多かった。現在、律宗の寺は近畿圏のみに約二十ヵ寺あるだけだという。

鑑真への共感を抱いた詩人

唐招提寺の秘宝として知られるのが、開祖《かいそ》の鑑真和上坐像である。

ふだんは、厨子《ずし》の奥に安置されているが、年一度、開山忌《かいさんき》（六月六日）にちなんで、その前後三日間のみ扉が開かれる。日本の肖像彫刻のなかでもっとも古く、もっとも優れたもの、と評されている像である。

鑑真の弟子の一人の忍基《にんき》が、ある夜の夢に講堂の梁《はり》が折れて砕けるのを見た。忍基は師の最期が迫っていることを悟り、急いでこの像をつくらせた、と言い伝えられている。

失明した両目は閉じられている。ほのかに浮かんだ微笑みは、すでに死を覚悟している人のようにも見える。鑑真は結跏趺坐《けっかふざ》したままで息絶えたといわれ、この像はそのすがたを写したものだ、という説もある。

故国を離れ、ついに戻ることがなかった鑑真。しかし、この像のお顔を拝見していると、日本へやってきたことを悔《く》いたり、悲運を嘆《なげ》くことはなかったと思える。非常に強い精神力の持ち主だったということが伝わってくる。すべてを超越したような心境で最期を迎えられたのだろう、という気がした。

境内の旧開山堂《きゅうかいさんどう》の石段下には、松尾芭蕉《まつおばしょう》の句碑がある。『笈《おい》の小文《こぶみ》』のなかの句だ。

若葉して御《おん》めの雫《しずく》ぬぐはばや

この句には、「招提寺鑑真《がんじん》和尚来朝の時、船中七十余度の難をしのぎたまい、御目のうち塩風吹入《ふきいり》て、終《つい》に御目盲《めしい》させ給《たま》う尊像を拝して」という詞書《ことばがき》が添えられている。

芭蕉は貞享《じょうきょう》五（一六八八）年の若葉の季節に唐招提寺を訪れた。そのとき、鑑真の像に対面してこの句を詠《よ》んだ。芭蕉の目には、鑑真が泣いているように見えたのだろう。そう言われると、たしかに涙が頬を伝わっているように見えなくもない。

そして、もう一人、戦前にここを訪れて数多くの歌を詠んだ有名な詩人がいる。北原白《きたはらはく》秋《しゅう》である。境内にはその北原白秋の歌碑もあった。

水楢《みずなら》の柔《やわ》き嫩葉《わかば》はみ眼にして花よりもなほや白う匂はむ

白秋は晩年、糖尿病と腎臓病による眼底出血のために入退院をくり返していた。視力が落ちていき、ぼんやりした薄明《はくめい》の世界のなかに投げだされて生きなければならなかったのである。その状態で、彼は戦雲ただならぬ昭和十七（一九四二）年十一月に亡くなった。

その白秋が昭和十一年に唐招提寺を訪れて、鑑真の像と対面している。そのときに詠まれた歌が『黒檜《くろひ》』という歌集に収められていた。『黒檜』は白秋の生前に刊行された最後の歌集である。

昭和十一年盛夏、多磨第一回全国大会の節に拝しまつりし
唐招提寺は鑑真和上の像を思うこと切なり

目の盲《し》ひて幽《かす》かに坐《ま》しし仏像《みすがた》に日なか風ありて触《さや》りつつありき
盲《し》ひはててなほし柔《やわ》らとます目見《まみ》に聖《ひじり》なにをか宿したまいし
唐寺《からでら》の日なかの照りに物思《ものも》はず勢《きお》いし夏は眼も清《す》みにけり

さらに、この三首の後にも「再び唐招提寺の和上を憶《おも》ふ」、「三度、鑑真和上を憶ふ」、「四度、鑑真和上を憶ふ」という詞書《ことばがき》とともに鑑真をしのぶ歌がある。このことからも、鑑真和上坐像が、目をわずらった白秋にいかに強烈な印象を与えたかが想像できるだろう。

北原白秋は私とおなじ九州の筑後《ちくご》地方の人である。ここは、北原白秋や古賀《こが》政男《まさお》などに

代表される「情感」や「抒情《じよじよう》」の土地柄だ。私は小さいころから、母が口ずさむ白秋《はくしゆう》の「からたちの花」や「城ヶ島《じようがしま》の雨」などを聴いて育ってきた。

大正末期から昭和初期にかけての白秋は、野口雨情《のぐちうじよう》らと一緒に、新民謡運動や新童謡運動という活動を行っていた。明治以降、古くから日本人に歌われていた日本の歌がどんどん消えていく。白秋たちはそれをなんとかしようと思い、新しい民謡や童謡をたくさんつくったのだった。

以前、新潟を訪れたとき、芸者さんの歌う「新潟小唄」という歌を聴いたことがある。そのお囃子《はやし》の言葉がとてもおもしろかった。「サアサ、ハラショ、ハラショノロンロン」というようにロシア語のはいったお囃子だったのである。そう言われてみれば、新潟の対岸はウラジオストクであり、新潟はロシアと関係が深い土地柄だ。

それにしても珍しいので、この民謡の詞は誰が書いたのかとたずねてみた。すると、北原白秋だ、という答えがすぐに返ってきた。

このように、白秋は身をやつすほどに、地方の民謡の歌詞を、それこそ温泉芸者が歌うような唄の詞をたくさん書いたような時期もあったのである。

故郷を離れた人のアイデンティティはどこにあるか

そんな白秋の晩年を襲った病気と失明の危機。

視力を喪失することへの強い不安。激しくなる戦局への恐れ。残り少ない自分の人生。白秋はそのなかで、最後まで創作への努力をつづけていく。そのとき、彼の脳裏に鮮明なイメージとして残っていたのが、唐招提寺で出会った両目を閉じた鑑真の像だった。

視力を失ってもなお、仏教のために日本へ行こうとした鑑真のすがたに、白秋は自分自身のすがたを重ねたに違いない。光を失った者としての深い共感から、鑑真へのオマージュともいえるこれらの歌が生まれたのだろう。

そこには、哀しみのなかにある種の諦観《ていかん》さえ感じられる。失明という避けられない運命と、それによってとぎすまされた聴覚が、白秋の晩年に新たな境地を開いたのだろう。

さらに想像をめぐらせれば、そこには故郷を離れた者という共感もあったのではないか。

福岡県柳川《やながわ》市の旧家の跡《あと》取り息子だった白秋《はくしゅう》は、若くして文学で身を立てようと志す。

しかし、田舎町では、詩作にふける少年につねに冷たい目が向けられた。ついに彼は、父や教師とも対立し、家出して上京する。十九歳のときだった。

ところがその後、柳川《やながわ》の白秋《はくしゅう》の生家は没落する。大火で屋敷をすべて焼失し、膨大な借金を抱えてしまうのである。ついには一家で夜逃げして、上京してきたのだった。

そのため、白秋は自分の故郷に、帰ろうにも帰れない状況になった。

白秋が柳川での少年時代を詠《うた》った『思ひ出』には、「私はこの『思ひ出』に依《よっ》て、故郷と幼年時代の自分とに潔く訣別《けつべつ》しようと思う」と書かれている。生家の没落という事件は白秋の人生に暗い影を落とす。一度は本当に故郷を捨てる覚悟だったのだろう。

しかし、やはり望郷の念は断ちがたかった。彼のみずみずしい抒情を育《はぐく》んだのは、あの情感あふれる故郷の土壌にほかならなかった。

文壇での地位を築いた白秋が故郷に戻ったのは、家出をしてから十九年後だった。だからこそ、鑑真《がんじん》に対して特別な思いがあったのではないか。鑑真は、故郷を捨てて命がけで日本へやってきた。しかし、彼はふたたび故郷に還《かえ》ることはなく、異国の土となったのである。

鑑真のことを考えていると、「アイデンティティ」という言葉が頭に浮かんでくる。はたして、鑑真という人は自分のアイデンティティをどこへ求めたのだろうか、と。

以前、作家の柳美里《ゆうみり》さんと対談をしたときに、やはりアイデンティティの問題がでた。彼女は韓国語を話すことができない。ハングル文字もわからない。日本で生まれ、日本に住み、日本語を話す〈日本人〉でありながら、国籍上は日本人ではない。いわば彼女はそういう引き裂かれた状態、宙吊りの状態にいたのである。

しかし、彼女と話しているうちに、それは二重のアイデンティティをもてるということではないか、と私には思えてきた。つまり、ダブル・アイデンティティだと考えたほうがいい、ということである。韓国が半分、日本が半分では、どちらも中途半端に感じられてしまう。そうではなくダブル・アイデンティティなんだと考えたらどうか、というような話をすると、彼女も賛成してくれた。

私は少年時代、両親と一緒に朝鮮半島に渡った。最初は、支配する側の人間として植民地にいたわけである。しかし、平壌《ピョンヤン》で敗戦を迎えてからは、パスポートをもたない難民としていろいろな目にあった。三十八度線を弟の手を引っぱり、妹を背負って、という状態で引き揚げてきた。

引き揚げてくると、こんどは「引揚者《ひきあげしゃ》」という肩書きがついた。一転して、祖国の人たちから「引揚者」として差別されるような立場になったのである。

こんなふうに生きてきたため、私のなかには、つねに日本人であると同時に〈在日日本人〉だという意識があった。

鑑真《がんじん》ほどの高僧でも、彼が来日したとき、反発した日本僧はかなりいたらしい。日本僧のなかには、すでに自分で仏に戒を守る誓いを立てているので、正式な授戒でなくても十分だ、と主張する者もいたという。

そのあたりの事情をうかがわせるように、鑑真はわずか数年で東大寺の戒壇から離れ、「大僧都」という高い地位も辞している。このとき、鑑真に従って、多くの中国僧も東大寺を出た。

もちろん、鑑真のアイデンティティは中国にあったに違いない。だからこそ、彼は自分の信念を貫き、厳しい戒律の寺として唐招提寺を自力でつくったのだろう。

しかし、その一方で、鑑真は日本を去らず、唐招提寺で弟子たちを教えつづけた。それは彼にとって、宗教者としてのミッションだったからだろう。そのミッションを遂行《すいこう》するために、彼は五度の渡航失敗という辛苦にも耐えて、はるばる日本へやってきたのだ。

そんな彼の精神は、唐招提寺を介して、いまも日本の地にしっかりと根づいている。そして、母国の中国でも、彼の成しとげた業績があらためて評価されるようになっている。

鑑真はその意味で、ダブル・アイデンティティをもち得た人だと思う。

いまもなお唐招提寺では、厳しい戒律が守られていると聞く。そして、鑑真の像は弟子たちをずっと静かに見守りつづけている。

第五番 秋《あき》篠《しの》寺《でら》

市《し》井《せい》にひっそりとある宝石のような寺

光り輝く〝苔《こけ》の海〟に見とれる

「あきしの」――。そのゆかしい言葉の響きに魅せられて、はじめて秋篠寺《あきしのでら》を訪ねた。境内《けいだい》の雑木林《ぞうきばやし》の緑の深さ。木々の下に一面に敷きつめられたような艶《つや》やかな苔。これが、話に聞いていた秋篠寺の「苔庭」である。その美しさに息をのむ思いがした。

さきほどからの雨に濡《ぬ》れて水分をたっぷり吸っているだけに、苔の緑がいきいきとしていて、まるで〝苔の海〟だ。

その日の天候は、朝から劇的に変化した。ホテルを出たころは横なぐりの強い雨。それが次第に小降りになったかと思うと、急に日も射《さ》してきた。これから向かおうとしている秋篠寺で、なにか不思議なこと、素晴らしいことに出会うのではないか、と予感させるようだった。

その予感は当たった。私はこの寺の魅力に心を奪われてしまい、日が暮れても、まだ立ち去りがたい気分を味わっていたのである。

平城宮跡《へいじょうきゅうせき》の北西、奈良市秋篠町。その市街地の一角に秋篠寺はある。

実際にここへ訪れるまでは、ぐるっと歩いても十分程度の小さな寺だとか、すぐ隣りには競輪場があって騒々《そうぞう》しいとか、むしろマイナスのイメージを抱かせるような情報が多かった。しかし、秋篠寺の門のなかへ一歩はいれば、そこは深い雑木林。隣接して競輪場があることなどすっかり忘れてしまった。

日が照っているにもかかわらず、音もなく雨が降りつづいている。ひっそりと緑に包まれた秋篠寺の伽藍《がらん》。雨粒が日の光を受けて輝き、なんともいえず美しい。

いま、日本のどこの地方都市へ行っても、美しい街並みというものが失われてしまっている。私は、都市の猥雑《わいざつ》さというもののもつ魅力も否定しない。けれども、そうではなく、ただ雑然とした街並みがあまりにも目につく。極端な言いかたをすると、現代の日本にはゴミための様な感じを受ける場所が多い。

街中に、これほど豊かな自然と静かな場所が残っているのは奇跡のようだ。あたかも隠された「宝石」のように。こうした空間はもはや、神社仏閣《じんじゃぶっかく》の周辺だけにしか存在しないのかもしれない。

この雨に濡れた美しい苔を見られただけでも来たかいがあった、と思った。

ふつう、苔というともっと暗い印象がある。「苔むす屍《かばね》」というように、黒みがかった緑色を想像してしまう。しかし、秋篠寺の苔は非常に明るい緑だった。やや黄色がかった若々しい新緑の緑である。

以前、ある日本庭園で撮影をしたときに、うっかり苔を踏んづけてしまったことがあった。そのとき、そこのご主人にきつく叱られたことを覚えている。こんな小さな苔でも、元通りに生《は》えるまでには何十年もかかるのだ、と。

秋篠寺の苔も何十年、いや何百年という時をへて、いまの美しい状態になったに違いない。ビロードのようになめらかな手触り。まさに苔の絨緞《じゅうたん》である。その緑の濃淡が、立って見る位置によって微妙に違う。一歩下がってみたり、ずっと近づいて見たり、いつまで眺めていても飽きない。

一瞬一瞬の天候の変化に応じて、雨に濡れているときは、苔がしっとりとしてうつむいている。日の光が当たっているときは、苔が輝いて喜んでいるように見える。まるで繊細な音楽を奏《かな》でているようだ。耳を澄ませると苔のシンフォニーが聴こえてくる。

いままでにも、あちこちで美しい苔の庭は見てきたつもりだった。しかし、この〝苔の海〟は空前絶後の美しさだ。不謹慎《ふきんしん》ながら、この上に寝ころんだらどんなに気持ちがいいだろう、とさえ想像してしまう。ため息が出そうなほど素晴らしい。

突然、また雨が激しくなった。あわてておお堂の屋根を借りて雨宿りをしていると、一瞬にして魔法のように雨が上がり、太陽が雲のあいだからすがたを見せる。見る間に地上へ光がふり注ぐ。すると、本堂の屋根の瓦が、銀でできているかのように美しく輝く。

やがて強い風が吹きはじめた。空の色が刻々と変わっていく。あたりには神秘的な雰囲気が漂《ただよ》っている。本堂の屋根の傾斜。その向こうには樹木。風がその梢《こずえ》を揺らしている。上空をものすごい速さで雲が流れていき、その切れ間からは青空が見える。

こういう一瞬に、私はなにか〈光〉というものを感じるのだ。

仏とはなんだろう、と考えたとき、それはやはり光ではなかろうか。闇を照らす光。あまねく空間を照らす光――。むかしから、いろいろな人が仏について考えた。そして、仏は光だと感じたのだろう。私は秋篠寺で過ごしたこの一瞬に、光を感じた。

生々しい政争のなかで生まれた寺

古刹《こさつ》のほとんどがそうであるように、秋篠寺もさまざまな歴史に彩られている。創建についても諸説があるが、一般には奈良時代末、宝亀《ほうき》十一（七八〇）年、光仁《こうにん》天皇の発願《ほつがん》によって、善珠大徳《ぜんじゅだいとく》という興福寺《こうふくじ》の僧が開いたといわれている。創建当初の秋篠寺は法相《ほっそう》宗《しゅう》だったが、その後、真言宗《しんごんしゅう》も兼ねた道場となった。

光仁《こうにん》天皇の子で、次に即位した桓武《かんむ》天皇の勅命《ちょくめい》によって、秋篠寺の造営はつづけられる。伽藍が完成したのは、延暦《えんりゃく》十三（七九四）年の平安京遷都《へいあんきょうせんと》のころだったらしい。

また、別の説によれば、秋篠寺は、この地を所領としていた秋篠氏が氏寺《うじでら》としてつくった寺だという。宝亀《ほうき》十一年以前のことである。その後、光仁天皇が興福寺から善珠を招いて、勅願《ちょくがん》の寺に変えたのだという。

秋篠氏とは、もとは渡来人《とらいじん》の土師宿禰安人《はじすくねのやすひと》が、朝廷に改姓を願いでて賜《たまわ》った姓である。桓武天皇の母親は百済王氏《くだらおうし》の出の高野新笠《たかののにいがさ》だった。そのため、桓武天皇の時代には渡来人たちが朝廷でも地位を得て、さまざまな分野で力を発揮するようになったらしい。

もうひとつ異説がある。壬申《じんしん》の乱《らん》以後、およそ百年にわたって天武《てんむ》系の天皇がつづいた。それに代わって、天智《てんじ》系ではじめて即位したのが光仁天皇である。皇太子時代、彼は皇位継承《こういけいしょう》争いに巻き込まれないように細心の注意を払っていた。そうしなければ、彼を天皇にしたくない人びとに、いつ暗殺されても不思議ではなかったのだ。

しかし、即位して光仁天皇となったとたんに悲劇が起こる。彼の妃《きさき》で皇后となった井上《いのえ》内親王《ないしんのう》と皇太子の他戸皇子《おさべのみこ》が、罪を着せられて殺されてしまったのである。

理由は「天皇呪詛《じゅそ》」。おそらくは言いがかりだろう。当時、こうした例は珍しくなかったらしい。その結果、光仁天皇と高野新笠のあいだに生まれた桓武天皇が、井上内親王の実子である他戸皇子に代わって即位したのだった。

その政争のなかで、刑死した井上内親王の怨念《おんねん》を調伏《ちょうぶく》し、鎮魂《ちんこん》のために建てられたのが秋篠寺だった、というのである。

どの説にも確証はない。ただ、確かなのは、その美しいたたずまいとは裏腹に、この寺が生々しい政争と血塗《ちぬ》られた歴史を見守ってきた、ということだ。当時、皇位継承をめぐって、血なまぐさい抗争が何代にもわたってつづいている。

桓武天皇も父の光仁天皇と同じように秋篠寺を大切にした。しかし、その後も皇位継承争いの悲劇はつづいた。皇室の尊崇《そんすう》を集めて隆盛をきわめていた秋篠寺も、そのなかで翻《ほん》弄《ろう》されていく。

創建当時の秋篠寺は、規模も大きく、東西二つの塔や金堂《こんどう》など数々の建物がある壮麗《そうれい》な寺だった。だが、保延《ほうえん》元（一一三五）年の大火で、そのほとんどすべてを焼失してしまう。講堂の一部のみが焼け残り、改修されて現在の本堂となった。

現在、私たちが目にしている秋篠寺の伽藍は、その大半が鎌倉時代初期に再建されたものらしい。しかし、この本堂は、創建時の建物の力強さを忠実に模《も》している。屋根のかたちもたいへん美しい。鳥がつばさを広げて飛び立とうとしているようだ。

その本堂のなかに、本尊《ほんぞん》の薬師《やくし》如来《にょらい》をはじめ、多くの御仏《みほとけ》たちがいらっしゃる。

明治以降、秋篠寺は浄土宗《じょうどしゅう》に属していたこともあったが、現在は単立の宗教法人になっている。他の多くの寺と同様に、ここも明治の廃仏毀釈《はいぶつきしゃく》でその寺域の多くを失った。そのため、一時は見る影もなく荒廃し、寺僧のいない時代さえあったらしい。

そう考えると、これほど素晴らしい仏像が失われずに、今日までよく無事に残ったものだと思う。

光と闇が交錯する歴史の舞台となった秋篠寺。過去に思いをめぐらせていると、ふたたび豪雨に見舞われた。さらに、急に激しい風が吹きはじめ、雷鳴がとどろく。

ここを訪れてからほんの数時間のあいだに、秋篠寺は信じられないほど変化に富んださまざまな表情を見せてくれた。

思わず、「あやしのあきしの」という言葉が口をついてこぼれ出た。

霊水のわく井戸と天女の美しさ

かつて真言宗では、鎮護《ちんご》国家《こっか》のため、宮中で正月八日から十四日まで「大元帥御修法《たいげんみしほ》」という儀式が行われていた。そして、その儀式には、必ず秋篠寺にある井戸から汲《く》まれた水が使われた。「香水閣《こうずいかく》」と呼ばれる井戸は、いまも清らかな水をたたえている。

とくに鎌倉時代以降は、霊水がわくこの井戸と「大元帥御修法」の本尊である大元帥《たいげん》明王《みょうおう》が秋篠寺の信仰の中心だったらしい。明治四（一八七二）年まで約千年にわたって、正月にここで汲まれた水が朝廷へ運ばれたという。秋篠寺は「禁裏御香水所《きんりごこうずいしょ》」だったのである。そのため、皇室との深い関係がつづいた。皇族の「秋篠宮家」の宮号も、秋篠寺に由来するらしい。

聖水のことを、サンスクリット語では「argha（アクア、アグア）」という。レインコートに「アクアスキュータム」というブランドがあるが、あれは水を防ぐという意味だ。そのアクア、アグアが音訳されて、日本では「閼伽水《あかみず》」というように使われ、神仏に捧《ささ》げる水を指すようになった。

大元帥明王は秋篠寺の秘仏。毎年6月6日に特別公開される

秋篠寺の「香水閣《こうずいかく》」の入口の二本の石柱には、「清浄香水《せいじょうこうずい》」と「味如甘露《あじかんろのごとし》」という文字が刻まれていた。小さなお堂のなかに井戸があり、その両開きの扉には金色の菊の御紋章《ごもんしよう》がついている。なかをのぞいてみると、澄んだ水が満々とたたえられていた。

この「大元帥《たいげん》法」にしても、東大寺《とうだいじ》の修二会《しゆにえ》、俗に「お水取り」と呼ばれる行事にしても、聖なる水への信仰は古代から現代までずっと生きつづけている。

「大元帥御修法」の本尊の大元帥明《たいげんみよう》王立像《おうりゆうぞう》は秋篠寺の秘仏で、毎年六月六日の一日のみ開帳される。本堂の向かって左の小さなお堂、大元堂《たいげんどう》のなかにいらっしゃる仏さまだ。

憤《いきどお》った明王系の忿怒像《ふんぬぞう》で、間近で拝見するとなかなか迫力がある。全身に巻きついているのは蛇だ。うしろの光背《こうはい》は燃えあがる炎のような形で、大元帥明王の髪の毛は見事に逆立っている。まるで、全身に電気が流れているような雰囲気だ。

つくられた当初は、全身が極彩色で華やかに彩られていたことがわかる。もし、元通りの色彩を復元したら、もっとずっと強烈な印象を受けるだろう。むかし流行《はや》った「サイケデリック」という言葉がぴったりな明王に生まれ変わるのではなかろうか。

その大元帥明王との対面を終えて、本堂の御仏たちを拝した。この寺は「伎芸天《ぎげいてん》のおす秋篠寺」とも呼ばれている。それほど多くの人びとを魅了してやまない不思議な魅力をもつ天女が、ここにいらっしゃるのだ。

うす暗い空間のろうそくの明かりのなかに、御仏たちのすがたが浮かびあがる。

中央は秋篠寺の本尊の薬師如来坐像《やくしにょらいざぞう》。ふっくらとしたお顔で、自信に満ちた目でこちらをご覧になっている。その両側には日光《にっこう》・月光菩薩《がっこうぼさつ》。さらに左右に群像が並んでいる。梵《ぼん》天《てん》、帝釈天《たいしゃくてん》、愛染明王《あいぜんみょうおう》、不動明王《ふどうみょうおう》、十二神将《じゅうにしんしょう》、地蔵菩薩《じぞうぼさつ》など。そのたくさんの御仏のなかで、なぜか自然に視線が左のほうに惹《ひ》きつけられる。

左端に立つ優美な像。謎めいたほほえみを浮かべている顔。それが伎芸天《ぎげいてん》だった。

伎芸天は、大自在天《だいじざいてん》の髪際から化生《けしょう》したといわれる天女である。容貌端正《ようぼうたんせい》で、福徳・伎芸を守護する、と説明されている。大自在天とは、ヒンドゥー教のシヴァ神の異名だ。伎芸天の像は中国では多く見られるが、日本では秋篠寺にしか存在しないという。

私たちは仏像を古代の美術品として見ることもあれば、信心の気持ちで見たりもする。ただ、仏像の位などとは関係なく、人間には「好きな仏さま」というものがある。

たとえば、中宮寺《ちゅうぐうじ》の半跏思惟像《はんかしゆいぞう》には、和辻哲郎《わつじてつろう》や亀井勝一郎《かめいかついちろう》をはじめ、さまざまな文人たちが最高の賛辞を捧《ささ》げている。彼らの文章からは、あの像に寄せる熱い思いが感じられる。

それと同じように、この伎芸天についてもいろいろな人たちが書いている。芸術の守護神、ということもあるのだろう。とくにアーティストのあいだでは人気が高いらしい。私もこうして伎芸天の前にはじめて立ってみて、やはり同じように感じずにはいられなかった。

少し右のほうから見ると、かすかに首をかしげたような感じがする。流し目、と言っては失礼かもしれないが、こちらのほうへ視線を向けているような、向けていないような、なんともいえない表情をしていらっしゃる。どうしても気になってしかたがない。

見つめていると、いつまでもそばを離れたくない、という気持ちにさせられてしまう。この天女の前では、「これからも、われに書く力を与えたまえ」といった現世利益《げんぜりやく》的なことはいまさら祈るまでもない、という気がする。

「だいじょうぶ、一所懸命がんばっていればなにかできますよ」

「文章を書くことも芸をすることもたいへんなことだけれども、しっかりおやりなさい」

まるで、こんなふうに言ってくださっているように思われてならない。そのほほえみに、私は包みこまれるような温かさを感じた。

〈作家〉と呼ばれることのうしろめたさ

世の中にはいろいろな職業がある。歌をうたう仕事もあれば、絵を描く仕事もある。しかし、そういう仕事は、田畑を耕して作物をつくったり、なにかを生産する仕事とは違う。

民俗学者の柳田国男《やなぎたくにお》はそういう仕事を「人びとをアミューザンするもの」と呼んだ。つまり、人びとを慰謝《いしゃ》するもの、慰めを与えるもの、ということだろう。いま使われている言葉でいえば、「エンターテインメント」ということだと思う。

しかし、そういうジャンルで仕事をしている人間は、ある種のうしろめたさを、こころのどこかにつねに感じているのではあるまいか。

農業をやって食物を生産するでもない。家を建てたり道路を整備するわけでもない。要するに、現実の社会に役に立つことをしていない、という気持ちがある。自分たちがやっている仕事などは、しょせん好きでやっていることではないか、お天道様《てんとうさま》に申し訳ない、といううしろめたさである。

ずいぶん前、ある仕事で故・江國滋《えくにしげる》氏と対談めいたおしゃべりをしたことがある。その長いおしゃべりが終わりかけたころ、ふと江國氏がこんなことを軽い調子でたずねられた。

「五木さんはエッセイなどで、ときどき、私たち物書きは、とか、物書きの端につらなる者の一人として、とか書かれることがあるけれど、あれはいまの立場に対する一種の照れとか、うしろめたさのようなものが出ているのでしょうかね。それとも、もっとはっきりした考えかたや抵抗感のようなものに基づいて、そんなふうに書かれているのですか」

正確ではないが、江國さんがおっしゃったのは、たぶん、そんな意味合いのことだったと思う。その場では、なんとなくあやふやな説明を述べたてたような気もするが、くわしくは覚えていない。

だが、正直なところは、やはりはっきり意識して〈物書き〉と書いているのだろうと思う。実際に原稿を書いている際には、何らかの論理的な目的意識のようなものがあるわけではない。けれども、常日頃《つねひごろ》の自分の職業への感じかた、考えかたが、ごく自然に〈物書き〉という言葉を選ばせるのだろう。

私たち小説家は、とか、作家の一人として、とか、そんな具合に言えないなにかが、私の内には根強く巣《す》くっている。まして、われわれ文学者は、などとはとても書けない。

それはつまり、簡単に言ってしまえば、小説という代物に対して世間が抱いている評価がどこか違う、と思っているからにほかならない。いや、世間というよりは出版社や新聞社や放送局や、それに伴って一般の人びとが与えている評価、あるいはその扱いぶり、というべきだろう。私はそのことに対してつねに、違う、という感覚を抱いてきたのである。

それは、私が他から作家と呼ばれるようになる以前から変わっていない。業界誌の編集者時代も、作詞家と呼ばれた時代も、スクリプターとかコピーライターなどと呼ばれていたころも、そうだったと思う。

音楽番組の構成者を務めていた時代、放送作家の端《はし》くれだった時代もそうだ。かつて放送作家と作家とはどこかが違っていた。考えてみると、当時も外側から、「放送」の二文字がつかない作家という職業に対する世間の扱いには、違和感を感じて首をかしげていた気がする。

その後、作家と呼ばれる職業に就《つ》いて、逆の立場になった。そうなると、今度はうれしさと同時に、闇商売《やみしょうばい》で不当利益を得ているようなうしろめたさを感じた。大新聞社から、百年後の日本はどう変わるか、などとコメントを求められれば、答えに窮《きゅう》せざるをえない。

そのうしろめたさは、含羞《がんしゅう》などという洒落《しゃれ》たものではない。文学とか、創作とかいったたぐいのものが、いったい人間の生活や歴史にとってそれほど畏《おそ》れ多いものなのか。私のうしろめたさは、文学がそんなふうに祀《まつ》りあげられていることへの反発につながっていたらしい。

私は何事によらず、大げさなこと、神聖とか英雄とか偶像とか、一枚岩《いちまいいわ》の思想とか、悲劇的崇高《すうこう》さだとか、そんなことが好きではなかった。

そのため、自分の仕事だけでなく、政治にしても、音楽にしても、もう少し楽にやろうよ、という気分になってくる。そうなると、どうしても〈物書き〉という言葉のほうがぴったりくる感じがする。

あのとき、江國さんはさりげなく「自分で自分のことを物書きとか書けるのは、現在ある安定した地位にいるという自信に支えられた言葉かもしれませんね」ともおっしゃった。人間心理の機微《きび》をついた観察として、なるほどなあ、と私は頭をかいたものだった。

そういう面もたしかにあるのだろう。しかし、やはり物を書いて生きる、ということへのうしろめたさ、照れくさささはどこかにある。

アーティスト、あるいは芸能関係の人たちにも、その気持ちが必ずあると思う。そして、こころが弱ったとき、自分はこんな生きかたをしていていいのだろうかと悩む。

そういう悩みをもつ文人やアーティストたちに、伎芸天《ぎげいてん》は無言のうちに「それでいいのよ」と言ってくださっている。そんな気がしてならない。

歌をうたう人はうたいなさい、絵を描く人は描きなさい、そして、物を書く人はお書きなさい、とやさしく背中を押してくれている。そのことで、世の中の人びとを少しでも慰《なぐさ》めたり励《はげ》ますことができるのなら、それは大事なことなのだ、と。

伎芸天を「ミューズ」と呼んだ作家

大正末期から昭和にかけて活躍した作家に堀辰雄《ほりたつお》がいる。彼も、この伎芸天に魅せられた一人だった。

堀辰雄は『風立ちぬ』『聖家族』などの小説で有名である。病弱だった彼は、若いころから何度も死をくぐり抜けてきたが、結核が悪化したため、四十二歳のときにすでに執筆

像高２ｍ余り。ほの暗い本堂のなかでさまざまな表情を見せる

できなくなっている。ちょうど敗戦の翌年の昭和二十一（一九四六）年のことだ。戦争が終わって、いよいよこれからというときに、無情にも彼の作家生命は閉じられたのだった。亡くなったのは、それから七年後の昭和二十八年である。

その堀辰雄《ほりたつお》がはじめて大和を旅行したのは昭和十四年だった。大和にこころを惹かれた彼は、昭和十六年には何度か訪れている。当時、彼は折口信夫《おりくちしのぶ》に影響を受け、折口信夫の『古代研究』や『死者の書』から小説のテーマを得ていた。その取材を兼ねて、大和の古寺をあちこち訪ね歩いたらしい。

昭和十六年の大和行きのことは、『大和路《やまとじ》・信濃路《しなのじ》』というエッセイに書かれている。そのなかに次の一節があった。

いま、秋篠寺《あきしのでら》という寺の、秋草のなかに寝そべって、これを書いている。いましがた、ここのすこし荒れた御堂にある伎芸天女《ぎげいてんにょ》の像をしみじみと見てきたばかりのところだ。このミュウズの像はなんだか僕たちのもののような気がせられて、わけてもお慕《した》わしい。朱《あか》い髪をし、おおどかな御顔《おかお》だけすっかり香にお灼《や》けになって、右手を胸のあたりにもちあげて軽く印を結ばれながら、すこし伏せ目にこちらを見下ろされ、いまにも何かおっしゃられそうな様子をなすってお立ちになっていられた。……
此処《ここ》はなかなかいい村だ。寺もいい。いかにもそんな村のお寺らしくしているところがいい。そうしてこんな何気ない御堂のなかに、ずっと昔から、こういう匂いの高い天女の像が身をひそませていてくだすったのかとおもうと、本当にありがたい。

彼はこんなふうに、言葉をつくして秋篠寺と伎芸天について書いている。

じつは、私が驚いたのは、彼が秋篠寺を訪れてこれを書いたのが「昭和十六年十月十四日」だと記載されていたからだ。言うまでもないが、この年の十二月八日は日米開戦の日であり、私たちにとっては忘れられない日である。

日米開戦の少し前に、堀辰雄は大和を訪れて次の小説の構想を練《ね》っていた。そして、東京へ戻った彼は『曠野《あらの》』という短篇を執筆する。同年十二月に「改造《かいぞう》」に掲載されたこの作品は、彼の代表作の一つとされている。

新聞紙上では日米開戦に関する特集が組まれ、一触即発《いっしょくそくはつ》という状況にあった昭和十六年の秋。そういう時期に堀辰雄は奈良へ旅して、世界の情勢とは少し距離をおいていた。私はこれまで堀辰雄に、「反戦作家」というイメージはもっていなかった。けれども、時代に背中を向けている、という作家の雰囲気がそこには感じられる。

堀辰雄《ほりたつお》は西欧文学の教養を身につけた人であり、同時に、東京の向島《むこうじま》という下町育ちの人でもあった。プルーストやリルケに傾倒し、その影響を感じさせる作品を書いた。その一方で、彼は下町育ちの一徹《いってつ》さももっていた。社会が時局に便乗して大騒ぎをしているようなときに、秋篠寺の秋草のなかに寝そべってエッセイなどを書いていたのである。

年譜によれば、昭和十四（一九三九）年から二十年にかけて、彼が作家として非常に充実した時期を過ごしていたことがわかる。彼の長くはない生涯のなかで、『菜穂子《なおこ》』『幼年時代』『大和路・信濃路』などの代表作が書かれたのは、この暗くて苛酷《かこく》な時代だった。

しかも、『大和路・信濃路』が世に発表されたのは昭和十八年。ガダルカナル島の敗退やアッツ島の玉砕《ぎょくさい》があり、日増しに戦況が緊迫して、日本の敗戦が色濃くなる時期である。あのころ、多くの詩人や作家たちが転向し、戦争に協力するような作品を書いた。そのなかで堀辰雄は、大和の古寺の魅力や伎芸天《ぎげいてん》の慕《した》わしさについて書いていたのである。

そこからは、見えざる「反戦」という彼の意志が伝わってくる。

小川和佑《おがわひろすけ》氏の『評伝堀辰雄』によれば、堀辰雄は昭和十五年に、友人の若い詩人・立原《たちはら》道造《みちぞう》の死を悼《いた》んで『木の十字架』というエッセイを書いている。そのなかに、ドイツがポーランドに対して宣戦布告した翌日、ポーランドの少女たちに思いを寄せる一節があった。明らかに、彼は第二次大戦でのドイツのヨーロッパ侵攻を批判しているのである。

当時の日本の社会は極端な言論統制下にあった。このエッセイが書かれる二年前には国《こっ》家《か》総動員法《そうどういんほう》が成立し、言論・思想の弾圧が一段と強化されている。同盟国ドイツに対してこうした発言をするだけでも、たいへんな勇気が必要だったはずだ。

その一方で彼は、『大和路・信濃路』をはじめ、日本の古典に題材をとった小説などをこの時期にさかんに書いている。そして、そこからは戦争という現実は完全に排除されている。彼は、決して戦争には加担しない、という姿勢を貫《つらぬ》いたのだった。

今年、平成十五年はイラク戦争の年、アメリカがイラクを攻撃した年、として人びとに記憶されるようになるだろう。今度のイラク戦争だけではなく、二年前のあの9・11以来、私は毎日のように新しい不安に襲われ、眠れぬ夜がつづいている。

戦争というものは、敵と味方とに分かれて戦う。しかし、戦争が終わればそれですぐに平和が訪れるのか。残念ながらそうではない。戦後は、味方同士が争う。戦争は、終わった後もたいへんなのだ。だから、できるだけ戦争はしないほうがいい。そのことは私自身が、戦後の朝鮮半島からの引《ひ》き揚《あ》げ体験でいやというほどよく知っている。

たぶん、堀辰雄《ほりたつお》は秋篠寺の伎芸天《ぎげいてん》に出会ったとき、自分の悩みから解放されたのではないか。彼にもやはり、戦時下でこんなふうに小説などを書いていていいのか、という葛藤《かっとう》があったはずだ。そして、こんな時代に「百寺巡礼」の旅をしている私自身、ここで伎芸天に出会ってとても力づけられた。

秋篠寺を訪れたときの最初の印象は、なんてやさしい感じなのだろう、繊細なのだろう、というものだった。しかし、次第に言葉に表現できないようなミステリアスな雰囲気を感じるようになった。ただ美しくて繊細で興味深い歴史をもつ寺、というだけではない。

ここの苔の美しさも、極楽浄土を思わせるようだった。しかし、ひときわ私の気持ちを惹きつけたのは、やはり伎芸天だった。言葉を超えて、こころとこころが響きあうようなものを感じたのである。

この出会いを素直に喜びたい。そんな気持ちで、苔の光る寺を後にした。

第六番

法《ほう》隆《りゅう》寺《じ》

聖徳太子《しょうとくたいし》への信仰の聖地

聖徳太子《しょうとくたいし》の悲劇と遺族の怨念《おんねん》

斑鳩《いかるが》の地に堂々とそびえる法隆寺《ほうりゅうじ》。

奈良のシンボルといえば、やはりこの法隆寺であり、また聖徳太子にとどめをさす。古代のロマンと謎に満ちた寺、法隆寺をめぐっては、いまもなお学者たちによってさまざまな研究が行われている。また、これまでに聖徳太子と法隆寺について書かれた本は、数えきれないほど出版されてきた。それだけ、この寺には日本人のこころをとらえて離さない魅力があるのだろう。

ユニークな法隆寺論としては、梅原猛《うめはらたけし》氏の『隠《かく》された十字架《じゅうじか》——法隆寺論』がよく知られている。梅原氏は同書で、法隆寺は聖徳太子の怨霊鎮魂《おんりょうちんこん》の寺だと大胆《だいたん》に論じて、世間の注目を集めた。

かつて聖徳太子が造営し、暮らしていた斑鳩宮《いかるがのみや》は、現在の法隆寺の夢殿《ゆめどの》あたりにあったといわれている。太子の死後、長子の山背大兄王《やましろのおおえのおう》は皇位継承の有力候補だった。しかし、後継者争いに巻きこまれて、皇極《こうぎょく》二（六四三）年に蘇我入鹿《そがのいるか》の兵に攻《せ》められて一族とともに自害した。

その山背大兄王の最期の場所は、斑鳩宮のすぐ近くにあった斑鳩寺《いかるがでら》だったと伝えられている。斑鳩寺は法隆寺の別名である。

そのとき斑鳩宮は焼失し、少しのちに斑鳩寺も焼けてしまったという。しばらくのあいだ、この場所は荒廃するままになっていたらしい。その後、現在の法隆寺の伽藍《がらん》が再建されたことになるのだが、じつは、その時期もはっきりしていない。

こうして、聖徳太子は悲劇の人として語られることになる。山背大兄王の死を最後に、太子の一族のすべての血脈は断たれてしまったのだった。

いま、詩情あふれる斑鳩の里を散策していると、かつてこの地を舞台にそうした凄惨《せいさん》な事件が連続して起こっていたというのが、信じられない気がする。時代のヒーローであり、同時に悲劇の主人公だった聖徳太子。そう考えると、法隆寺は聖徳太子の怨霊を鎮《しず》めるためにできた、という梅原氏の発想にもうなずけるところがある。

もし日本が島国ではなく、ヨーロッパのような大陸であれば、歴史は大きく異なっていただろう。政権交代が起こって追放された人びとは、国境を越えてどこかへ逃れることができる。生き延《の》びて再起を期《き》すことも可能だろう。

斑鳩を歩く。この地には両親と弟の墓がある。思い出深い特別な地だ

しかし、島国の小さな世界のなかでは、被征服者や立場を逆転された人びとはどうしようもない。一部の人びとは、捕《と》らえられて処刑《しょけい》される。また、それ以外の命を助けられた人びとは、他の国へ逃げることもできず、その地で生きつづけなければならないのだ。

政敵を追い落として政権を握った側にしても、その一族まで皆殺しにするのは難しい。そんなことをすれば、人心《じんしん》が離れてしまうだろう。そうかといって、対立勢力をすべて国外へ追放してしまうこともできない。となると、権力の座についても、倒した政敵の遺族や支援者たちの怨念《おんねん》というものを日常的に感じざるをえない。

古代の日本社会においては、おそらく、怨霊に対する恐怖というものも大きかっただろう。ある人が処刑されたのち、落雷や火事や伝染病などさまざまな出来事が起こる。すると、人びとは、これは処刑された人の祟《たた》りだ、と考えたに違いない。

そこで、勝利した側は、怨霊の祟りを恐れる一方で、自分が殺した政敵を祀《まつ》ることによって、遺族の怨《うら》みをなんとか宥和《ゆうわ》しようとしたのではないか。彼らの怨念を解消する現実的な手段は、処刑した政敵を祀るということにつきるからだ。

だが、これまでの「怨霊鎮魂」説というのは、処刑された本人の怨念を解消させるための手段だとされている。私はその点にいささか不満を感じるのだ。つまり、「怨霊鎮魂」

ではなく「怨念鎮撫《ちんぶ》」のほうではないかと思う。

現在、「学問の神さま」として知られる菅原道真《すがわらのみちざね》も、左遷《させん》されて没《ぼっ》している。その死後、都では雷が落ちたり、さまざまな怪異現象が起こった。しかし、その妖怪変化《ようかいへんげ》のような力を恐れたために、彼を天神《てんじん》さまとして北野《きたの》天満宮《てんまんぐう》に祀った、というのは建て前にすぎない。真の目的は、やはり道真の名誉を回復することにあったはずだ。

実際には、死んでしまった人の名誉を回復したところでどうしようもない。あえてそうするのは、そのことを絶対に忘れない、と怨みを抱く一族の気持ちを慰撫《いぶ》するためだろう。

それで思いだすのは、かつてスターリン時代のソ連で行われたすさまじい粛清《しゅくせい》のことである。それが、雪解けの時期になってくると一転して、粛清に対する本人の名誉回復ということをさかんにやった。あれも、遺族に対する慰撫にほかならないと思う。

それにしても、名誉回復ということがあれほどたびたび行われたのは驚きだった。いかにスターリン時代に恐るべき粛清やそうした行為が行われていたか、ということでもある。

斑鳩《いかるが》の里に神社仏閣《じんじゃぶっかく》が多いのも、人びとの怨念が激しく渦巻《うずま》いていたという一つの証《あかし》ではなかろうか。法隆寺を見ながら、そんなふうに私は少しひねくれて考えてみたりもする。

夢殿《ゆめどの》から太子信仰が発展した

法隆寺の南大門《なんだいもん》へとつづく参道を歩く。両側は松並木で深い緑におおわれている。その梢《こずえ》の合間から射《さ》しこむやわらかい日の光。それを浴びて下草がきらきら輝いている。

南大門前に出て正面に視線をやると、ずっと向こうのほうに五重塔《ごじゅうのとう》の上の部分が見える。現存する日本最古の五重塔だ。そのすがたはなんとも言えず美しい。

中門《ちゅうもん》をくぐると、左に五重塔、右に金堂《こんどう》。そのうしろに大講堂《だいこうどう》があり、中門から大講堂まで回廊《かいろう》がつづいている。

日本に仏教が伝来したのが六世紀の半ば、千四百年ほど前だ。その後、蘇我《そが》氏《し》と物部《もののべ》氏《し》の親子二代にわたる〈崇仏派《すうぶつは》〉対〈排仏派《はいぶつは》〉の争いがつづき、ついに用明《ようめい》二（五八七）年に蘇我氏が物部氏を滅ぼす。飛鳥寺《あすかでら》の建立《こんりゅう》は、その翌年に蘇我氏の手ではじまっている。

日本最初の本格的な仏教寺院である飛鳥寺につづいて、七世紀はじめに聖徳太子《しょうとくたいし》によって創建されたのが、法隆寺と大阪の四天王寺《してんのうじ》である。以後、短い期間に日本国内には寺院が次々に出現する。それはもちろん、仏教の普及に努《つと》めた聖徳太子の功績だった。こうして、日本に仏教は根づいていく。

ただし、前述したように、現在の法隆寺は創建当時の伽藍ではなく、再建されたものだとされている。明治三十年代から、学者のあいだでは再建・非再建論争が起こっていた。その論争はじつに三十年以上もつづいたという。

ついに昭和十四（一九三九）年、若草伽藍の発掘調査によって、いまの法隆寺とは違う配置の伽藍の焼け跡が見つかった。その発見で論争にケリがつき、現在では、若草伽藍跡が斑鳩寺《いかるがでら》（最初の法隆寺）だった、という説が一応の定説になっている。

つまり、いまの法隆寺の伽藍は、聖徳太子《しょうとくたいし》の死後に再建されたものだということになる。その再建後の法隆寺の当初のすがたを残しているのは、金堂、五重塔、中門、回廊。それ以外の大講堂、南大門などは、平安時代、鎌倉時代に建立されたものだ。

ただし、二年前に、五重塔の心柱《しんばしら》の檜《ひのき》が五九四年に伐採《ばっさい》されたものだとわかり、謎はますます深まった。これは、太子がまだ二十歳のころである。おそらく、法隆寺の建立の謎をめぐっては、今後もさまざまな論議がつづけられていくだろう。

聖徳太子自身も、謎と伝説に彩られた人物である。『日本書紀《にほんしょき》』は太子の名前として、厩戸皇子《うまやどのおうじ》、豊聡耳《とよとみみ》、聖徳、豊聡耳法大王《のりのおおきみ》、法主王《のりのうしのおおきみ》の五種類を挙げている。これも、太子の偉大さや聡明さを強調するためのものだろう。

聖徳太子とほぼ同じ時代に登場した著名な人物に、チベットのソンツェン＝ガンポ国王(五八一?～六四九)がいる。聖徳太子もソンツェン＝ガンポ王も、六世紀から七世紀にそれぞれの国家を統一し、文化の基礎を固《かた》めた人だ。そして、どちらも仏教を篤《あつ》く信仰した。

ソンツェン＝ガンポ王は国際的な人で、唐とネパールからそれぞれ妃《きさき》を迎えている。それまでチベットには文字がなかったため、留学生をインドに派遣して学ばせ、はじめてチベット文字を制定したという。これは、聖徳太子が朝鮮半島や中国大陸へさかんに使節を派遣し、積極的に渡来人《とらいじん》を受け入れ、自らも渡来人から学んだということにも通じる。

こうしたことから、後世、世界的に有名だったソンツェン＝ガンポ王の業績が、聖徳太子の像の上に重ね合わせられていった、そして、太子の伝説がつくられたのだ、というふうにも聞いたことがある。

悲劇の主人公としての聖徳太子は、次第に神格化され、いわば神話としての太子の伝記が書かれ、「太子信仰」というものが生まれてくる。

天平《てんぴょう》十一(七三九)年ごろ、もと斑鳩宮《いかるがのみや》があった場所に現在の夢殿《ゆめどの》が建立された。これは、太子を供養《くよう》する目的でつくられたものだった。夢殿には、太子の等身の像といわれる有名な救世観音像《くせかんのんぞう》がある。太子はこの救世観音の化身《けしん》だ、という説も広まっていく。そして、夢殿には太子の遺物《いぶつ》が集められ、太子信仰のメッカとして発展することになった。

はじめは、夢殿は独立した別の寺だったが、やがて法隆寺に吸収される。中世以後の法隆寺は、とくに「太子信仰」に生きる寺として栄えるようになっていく。

聖徳太子《しょうとくたいし》は仏教の特定の宗派の祖師《そし》ではない。しかし、太子に対しては、日本仏教の各宗派の開祖《かいそ》たちがこぞって信仰している。鎌倉期以降は、太子信仰の人びとが集まった集団としての「太子講《たいしこう》」が生まれた。また、近世になると、職人集団の講組織としての太子講もつくられた。大工《だいく》や左官《さかん》などの職能集団が、寺院建立の祖として太子を信仰したのだ。

そのなかでも私が関心を惹《ひ》かれるのが、親鸞《しんらん》の太子信仰である。親鸞は、若いころから晩年にいたるまで、一途《いちず》に太子を慕《した》いつづけている。ただの尊敬や敬愛というだけではない。親鸞が書いたもののなかには、太子に対する慕情のようなものさえ感じられるのだ。

太子を思いつづけた親鸞は夢告《ゆめつげ》を得た

親鸞と聖徳太子。こう名前を並べても、あまり直接的にイメージが結びつかないかもしれない。しかし、親鸞は晩年に書いた和讃《わさん》のなかで、聖徳太子の名前をはっきり挙げて、その恩徳《おんどく》を讃《たた》えている。

親鸞は当時、太子ゆかりの法隆寺を訪れたことがあったのだろうか。あるいは、法隆寺で学んだことはあるのだろうか。法隆寺の歴史についていろいろ専門家からお話をうかがったり、文献《ぶんけん》を読んだりしたが、親鸞と法隆寺の関係を裏づける史料は存在しないようだ。

しかし、史料があることだけが史実ではない、と私は思っている。熱烈なまでに太子を慕っていた親鸞の気持ちを思うと、法隆寺を訪れていても不思議はないという気がする。

親鸞は九歳のときに出家をして、比叡山《ひえいざん》の横川《よかわ》で二十九歳まで修行をした。しかし、二十年も厳しい修行をしながら、ついにその修行では悟《さと》りを得ることができなかった。

その親鸞が法然《ほうねん》と出会い、比叡山をおりて念仏者《ねんぶつしゃ》としての活動をはじめることになる。そのとき、親鸞は聖徳太子から大きな影響を受けたという。これは、文献などからも事実だと考えられている。

その親鸞がまだ修行半ばの十九歳のころに、一度比叡山をおりたという伝承《でんしょう》がある。親鸞はそのとき、河内国磯長《かわちのくにしなが》(現・大阪府南河内郡太子町)の聖徳太子廟《びょう》に参籠《さんろう》したというのである。

聖徳太子《しょうとくたいし》は生前に磯長《しなが》を墓所と定め、亡くなる二年前に自ら指揮して、この廟を建てたという。この一帯は天皇家の陵墓《りょうぼ》が集中している場所だ。太子の父の用明《ようめい》天皇、叔母の推《すい》古《こ》天皇の陵墓もある。また、太子の墓所には、母の穴穂部間人太后《あなほべのはしひとたいこう》と妃の膳《かしわでのほきき》菩岐岐美《みの》郎女《いらつめ》が一緒に葬《ほうむ》られている。

十九歳の親鸞《しんらん》はその磯長の太子廟にこもったとされている。すると、夢のなかに聖徳太子が現れて親鸞にこう告げた。お前の命はもう十年あまりしかないが、その命が終わるときが来たら、すみやかに浄土《じょうど》へはいっていくだろう、と。

これは史実として記録が残っているわけではない。そのため、学者の多くは、親鸞が比《ひ》叡山《えいざん》をおりたことを疑っているようだ。もちろん、聖徳太子の夢告を受けたことも伝説にすぎない、という立場を取っている。

しかし、親鸞が河内の太子廟に参籠した可能性はあると私は思う。そして、比叡山から河内を訪ねたのだとしたら、大和を通っていったはずだ。その途中で法隆寺に立ち寄ったとしても、少しも不思議ではない。むしろ、そうするのが自然だろう。

法隆寺に伝わる伝説によれば、峯《みね》の薬師《やくし》西円堂《さいえんどう》というお堂の下の円明院《えんみょういん》は、「親鸞聖人《しょうにん》が勉強なさったところ」だという。親鸞が師に贈った袈裟《けさ》といわれるものも残っているらしい。親鸞はそこで、唯識《ゆいしき》と並ぶほど難しいとされる因明学《いんみょうがく》を学んだといわれている。もちろん、これは伝説である。しかし、それがあたかも本当にあったことのように、いまに語り継がれている。このことは非常に興味深い。

私はむしろ、そういう口伝や伝承、物語や伝説というものを大事にしなければならないと思っている。学問的な実証はともかく、そういう物語が言い伝えられているということに、重きを置きたいと思うのだ。

さて、親鸞は二十九歳のときに比叡山をおりて、京都の六角堂頂法寺《ろっかくどうちょうほうじ》に百日間こもる。その九十五日目の夜、親鸞は太子の夢告を得た。そして、法然《ほうねん》の門にはいったという。親鸞の妻の恵信尼《えしんに》の「恵信尼消息《えしんにしょうそく》」にはそのように書かれている。

絵像などの親鸞を見ると、非常に意志の強い人のように描かれている。権力などには一歩も譲らない、という厳しさをもっていた人だったのだろう。法然の門下に投じたときも、たとえ念仏して地獄に堕《お》ちても後悔はしない、とさえ言いきっている。

のちに、専修念仏《せんじゅねんぶつ》に対する弾圧で、法然は四国へ流刑《るけい》になり、親鸞自身も越後《えちご》へ流されてしまう。そのときも、親鸞は時の支配者に対して激しい怒りを述べている。

その親鸞《しんらん》が、聖徳太子《しょうとくたいし》のように国の現実的な支配者であり、権力を握っていた人になぜこころを寄せたのか。私は最初、親鸞が聖徳太子に対して、これほど深く帰命《きみょう》していた理由がよくわからなかった。なにしろ、聖徳太子は用明《ようめい》天皇の第一皇子であり、いわばエスタブリッシュメントである。

聖徳太子は妻帯した在家の仏教者であり、僧ではなかった。そのことも一つあるだろう。太子は『三経義疏《さんぎょうぎしょ》』を書いたほど深く仏教を学び、理解していたが、出家《しゅつけ》はしていない。一方の親鸞は、比叡山《ひえいざん》で僧籍《そうせき》にはいったが、その後は、僧にあらず俗にあらず、「非僧《ひそう》非俗《ひぞく》」と自ら名乗っている。さらに師の法然《ほうねん》とは違って、親鸞は肉食妻帯《にくじきさいたい》をした。妻帯した在家《ざいけ》のままの身で仏の救いを求めていく、という姿勢が聖徳太子と親鸞には共通しているといえよう。その点で、親鸞は聖徳太子に共鳴していたのではないか。

太子から、親鸞に受け継がれた平等思想

親鸞は晩年に、「聖徳太子和讃《わさん》」と呼ばれるものをたくさん書いている。和讃とは、仏や菩薩《ぼさつ》などをほめたたえた歌のことだ。

もちろん、親鸞の著作や語録のなかで、『教行信証《きょうぎょうしんしょう》』や『歎異抄《たんにしょう》』は非常に大事なものである。しかし、私は、親鸞の和讃は決して老後のすさびなどではないと思っている。「自然法爾《じねんほうに》」という思想に到達した晩年に書かれたものには、親鸞の全生涯が結集しているような気がするのだ。むしろ、親鸞の和讃のなかには、彼が到達した究極の思想がこめられているのではないか。

たとえば、親鸞の「皇太子聖徳奉讃《ほうさん》」には、次のようなものがある（カッコ内の注釈は名畑應順《なばたおうじゅん》氏による）。

救世《くせ》観音大菩薩《かんのんだいぼさつ》　聖徳皇《しょうとくおう》と示現《じげん》して
多々《たた》のごとくすてずして　阿摩《あま》のごとくにそひたまふ
（救世の観世音菩薩が日本に聖徳太子として現れて、慈父《じふ》の如《ごと》く哀《あわ》れんで捨ておかず、悲母の如《ごと》くつき添って護《まも》り給《たま》う）

和国《わこく》の教主《きょうしゅ》聖徳皇《しょうとくおう》　広大恩徳《こうだいおんどく》謝《しゃ》しがたし
一心に帰命したてまつり　奉讃不退《ほうさんふたい》ならしめよ

（日本の教主である聖徳太子《しょうとくたいし》の広大な恩徳は謝し尽し難い。二心なく太子のみ言葉に順《したが》い奉《たてまつ》り、本師の弥陀《みだ》に帰命して念仏し、いよいよ怠りなく讃嘆し奉らしめよ）

このように、親鸞《しんらん》は、救世《くせ》観音《かんのん》が聖徳太子のすがたになって現れたとか、父や母のようだとまで讃えている。また、太子を「和国の教主」といって崇《あが》めている。これらを読むと、太子を熱烈に慕う親鸞の気持ちがひしひしと伝わってくるようだ。

さらに、聖徳太子は「世間虚仮《せけんこけ》、唯仏是真《ゆいぶつぜしん》」という言葉を遺《のこ》している。それに対応するように、親鸞も『歎異抄《たんにしょう》』で「火宅無常《かたくむじょう》の世界は、よろづのこと、みなもてそらごと、たはごと、まことあることなきに、たゞ念仏のみぞまことにておはします」と語っている。

この二つは、まさに同じことを表現しているということができるだろう。この世間は仮のものであり、仏の理想の世界こそが真実なのだ、ということである。

そして、親鸞は、聖徳太子がもっている思想というものにも、深い興味を抱いていたのだと思う。太子は十七条憲法《じゅうしちじょうけんぽう》や冠位十二階《かんいじゅうにかい》という制度を制定した。「和をもって貴《とうと》しとなし」ではじまる十七条憲法は、法典というよりは道徳的な内容だ。もちろん、その根底には仏教思想がある。また、冠位十二階は、儒教の徳目を参考にした「徳・仁・礼・信・

義・智」を冠名にして、それぞれを大小に分けて十二階を定めたものだ。

当時、大和朝廷にあったのは「氏姓制度《しせいせいど》」という支配体制だった。これは、朝廷の特権的地位を一族が世襲するものである。それに対して、太子の十二階の冠位は世襲を認めず、一代限りとしている。しかも、個人の能力次第で昇級させた。この制度によって、太子は門閥《もんばつ》の弊害を取りのぞき、有能な人材を積極的に登用したといわれている。言い替えれば、これは「仏の前ではみな平等である」という太子の思想の表れではないか。

比叡山《ひえいざん》で修行を積んでいたときの親鸞は、出世コースから外れていた。俗世間とは縁がないはずの山内でも、実家の社会的地位によって昇進が左右されたのだ。後から入山した若い僧が、身分が高い家の出身だというだけで、能力とは無関係に親鸞を追い抜いていく。

そうした現実に直面した親鸞は、比叡山のありかたに強く反発し、ついに山をおりる。そして、法然《ほうねん》のもとへ向かうのである。このことからも、おそらく親鸞は、聖徳太子の「平等思想」というものに対して、強い共感を抱いていたことだろう。

こうして中世以降、鎌倉新仏教の興隆《こうりゅう》とともに、とくに親鸞によって、太子信仰は庶民のあいだに急速に広がっていく。現在も、真宗寺院には聖徳太子像や絵像が多く伝わっていて、真宗と太子信仰とのつながりの深さを知ることができる。

親鸞《しんらん》や、その後に登場する蓮如《れんにょ》は、社会では差別されていた人びとに対して、少しの偏見ももたずに布教していった。これは、ある意味では鎌倉新仏教の特徴ともいえる。そして、私はその背景に、聖徳太子からつながる「平等思想」というものがあるような気がしてならない。

「千日聞き流しせよ」

法隆寺といえば、世界最古の木造建築の寺であり、日本における世界遺産の第一号でもある。そういうことをすぐに思い浮かべる人もいるだろう。

しかし、私はむしろこの法隆寺にまつわる人びとや、法隆寺を支えてきた人びとに思いをめぐらす。あるいは、法隆寺の鐘の音を聞きながら、この斑鳩《いかるが》で千年以上ものあいだずっと、寺とともに暮らしてきた人びとのことを想像する。

いまの法隆寺からはとても考えられないが、明治初めの廃仏毀釈《はいぶつきしゃく》の嵐のなかで、法隆寺も荒廃した時期があった。当時、政府が出した神仏分離令《しんぶつぶんりれい》は「寺院をつぶすこと」だと受け取られた。地域によっては、寺という寺が徹底的に破壊されつくしたのである。

廃仏毀釈のピークは、明治七（一八七四）年ごろだったという。現在、国宝に指定されている奈良の興福寺《こうふくじ》の五重塔などは、あやうく取り壊されて燃料にされるところだった。このとき、法隆寺も大きな危機に直面した。

しかし、聖徳太子《しょうとくたいし》以来の法統《ほうとう》を絶やしてはならない、という寺僧たちの努力で法隆寺は守られてきた。明治中期には、仏教文化の世界的な宝庫として注目されるようになる。昭和にはいると、国家の援助を得て全伽藍を修理することができた。いまは参拝客があふれる法隆寺だが、かつては境内に人影もないほど寂《さび》れた時期もあったのである。

その法隆寺で、近代から現代にかけて傑出《けっしゅつ》した高僧とうたわれたのが、元管長《もとかんちょう》の佐伯定胤《さえきじょういん》という人だ。太田信隆《おおたしんりゅう》氏の『新・法隆寺物語』のなかに、この佐伯師のエピソードが紹介されている。それがとても印象的で、法隆寺というと、私は佐伯定胤師のことを思いだす。

学問寺としての法隆寺の伝統を受け継いだ佐伯師は、大きな仕事をなしとげた。奈良や京都の有名な僧のなかで、彼の教えを受けた人たちは非常に多かったらしい。

佐伯師は、ずっと長いあいだ法隆寺で講義をされていた。大学のゼミナールのようなものだったのだろう。その講義を志のある若い僧侶が聞く。あるいは、隣りの中宮寺《ちゅうぐうじ》の尼僧《にそう》たちも、衝立《ついたて》をへだてて聞いていたかもしれない。きっと含蓄《がんちく》のある深い講義だったのだろう。それが雨の日も風の日もつづいたのだ。

そのなかに、地方からやってきて、佐伯《さえき》師の教えを受けていた一人の若い僧がいた。彼はたいへん真面目な性格で、一回も休まず、全身を耳にして佐伯師の講義を聞いていたという。もちろん予習も復習もし、一所懸命に学ぼうとする。ところが、なかなかその講義の仏教思想の核心のところが十分に理解できない。

じつは、講義そのものも非常に難しいものだった。薬師寺の章でも述べたが、「唯識《ゆいしき》三年、倶舎《くしゃ》八年」と言われるその唯識や倶舎論を教えていたのである。

その若い学僧は純情な青年だったのだろう。ついにある日、佐伯師の前に進みでて、別れのあいさつをした。

「私は毎日、先生の講義を熱心に、自分なりに一所懸命にうかがってきました。しかし、私にはその才がないらしく、先生のお話の大事なところが理解できませんでした。学問には向かない人間だと思いますので、田舎に帰って畑でも耕しながら、寺を継いでいきたいと思います。長いあいだありがとうございました」

彼の話をじっと聞いていた佐伯師は、その後でぽつんとこう言われたという。

「千日聞き流しせよ」

千日というと、休日などを外して約三年間である。

これから三年間、聞き流す。とにかく、わかってもわからなくてもいいから、自分の前にじっと座って私の話を聞いておくれ。石の上にも三年と言うではないか。そう短気を起こして学問をやめるだの、故郷へ帰るだのと騒がずに、ぼんやりでもいいから私の話を聞き流すつもりで前に座っておったらどうか。

「千日聞き流しせよ」

この言葉で、佐伯定胤師はこんなふうなことを言われたのではないか、と私は想像する。仏教とは知識ではない。それは人間から人間へ、大事なことは毛穴からしみこんで伝わるものだ。だから、わからなくても、じっと自分の話を聞くがよい、と。

こう励まされた若い学僧は、たぶん気を取りなおしてもう一度講義に出席したことだろう。そして、少なくとも三年間は、黙々と佐伯師の肉声に耳を傾けていたに違いない。私は勝手にそんなふうに想像している。

仏教やある思想や学問に大事なことは、その理論だけではない。たとえば、人間の〈魂〉のありよう、情熱、その人間の至心《ししん》、つまり〈まことのこころ〉などが伝わっていくことが大事なのだ。必ずしも、言葉で言い表された細かい理屈だけを、頭で理解することではない。

佐伯《さえき》師が法隆寺で講義をつづけたのは、おそらく、仏教の思想を人びとに伝えたい、というまごころからだったと思う。その細かいところを理解できなくても、三年間黙って座って話を聞き、顔を見ていればいい。そうすれば必ず、そのほとばしるような情熱や気持ちは、聞く人の体に染みこむように伝わっていくに違いない。

佐伯師が若い学僧に教えようとしたのは、そういうことだったのだろう。そして、仏教にいう〈面授《めんじゅ》〉とはそういうものなのだと思う。対面して直接に教えを授かるのだ。

理論だけなら書物を読めばいい。しかし、書物からは伝わらないことがある。あるいは、理屈《りくつ》ではない大事なものが人間の肉声にはある。顔の表情にも、声にもある。

そういうものを感じとっていく。理解するだけでなく、感じるのである。このことも、人間にとっては大事なのだ。もし、〈面授〉が大事にされなければ、人間は大切なものをなくしてしまうのではなかろうか。

この佐伯定胤師のエピソードは、私たちにそのことをあらためて思い起こさせてくれるのだ。

第七番

中宮寺《ちゅうぐうじ》

半跏思惟像《はんかしゆいぞう》に自己を許されるひととき

かつて、文人たちがこころの乾《かわ》きを癒《いや》した斑鳩《いかるが》

斑鳩の里は、私にとってはかなりなじみ深い土地である。

二十年ほど前、『風の王国』という小説を書くために奈良に通っていた時期があった。そのとき、斑鳩の「大黒屋《だいこくや》」という旅館のすぐ近くにある真宗寺院に、しばしば逗留《とうりゅう》させていただいていたからだ。

高浜虚子《たかはまきょし》に『斑鳩物語』という短篇小説があるが、そのなかで、作者自身らしい主人公が泊まるのが「大黒屋」である。私がはじめて斑鳩を訪れたころは、いまにも崩れ落ちそうな「大黒屋」の旧館がまだ残っていた。

当時、私は朝な夕なにこの一帯を散策して歩いた。法隆寺《ほうりゅうじ》とその隣りにある中宮寺《ちゅうぐうじ》は、ほとんど毎日のように眺めて暮らしていたものだ。そのため、斑鳩を訪れるたびに、そのころのことを思いだしてなつかしい気持ちになる。

かつて高浜虚子や会津八一《あいづやいち》、和辻哲郎《わつじてつろう》、亀井勝一郎《かめいかついちろう》、堀辰雄《ほりたつお》など、さまざまな人びとがここを訪れて文章を書いている。その時代というのは、ある意味で近代日本の激動期だっ

た。人びとのこころは殺伐《さつばつ》とし、乾いていた。そのなかで彼らは俗世間から離れ、時間の流れが止まったような場所を求めて、この斑鳩を訪れたのだろう。

彼らは、まるで乾いたこころに清冽《せいれつ》なオアシスの水を注ぎこむように、斑鳩の里からエネルギーをくみ取った。ここで自分が受けた感動を人びとに伝えようとした。そうして書かれた和辻哲郎の『古寺巡礼《こじじゅんれい》』、亀井勝一郎の『大和古寺風物誌《やまとこじふうぶつし》』などは、いわば時代が生んだベストセラーとして、長く読みつづけられている。

そういうものを求めるこころが日本人のなかにはある。そして、いままさにこの平成の時代になって、日本人のこころは乾ききってしまっている。日本人は、自分たちのこころのなかに井戸を掘らねばならない。そういう思いが日ごとに増していく。

ところで、「斑鳩の里」といえば、やはり聖徳太子《しょうとくたいし》のことが思い浮かぶ。七世紀初め、聖徳太子は蘇我《そがし》氏の勢力の強い飛鳥《あすか》を離れて、この地に斑鳩宮《いかるがのみや》をかまえたといわれている。また、太子は仏教を広めるためにつくした。「聖徳太子建立《こんりゅう》七ヵ寺」と伝えられるのは、法隆寺、四天王寺《してんのうじ》、中宮寺、橘寺《たちばなでら》、蜂丘寺《はちおかでら》、池後寺《いけじりでら》、葛城寺《かつらぎでら》の七つ。四天王寺は現在も大阪にあり、橘寺は飛鳥にある橘寺、蜂丘寺は京都にある広隆寺《こうりゅうじ》のことだ。葛城寺だけは諸説あって確定していない。

この七つの寺のなかの法隆寺、中宮寺、池後寺が斑鳩にある。池後寺は現在の法起寺《ほうきじ》である。それらを含めて、太子ゆかりの寺が斑鳩にはいくつか残っている。

もちろんその筆頭は法隆寺だ。法隆寺は「法隆学問寺」「斑鳩寺」とも呼ばれていた。

また、法起寺は、山背大兄王《やましろのおおえのおう》が父である聖徳太子《しょうとくたいし》の遺言によって、岡本宮《おかもとのみや》を寄付したことにはじまるという。太子はこの岡本宮で『法華経《ほけきょう》』を講じたとされている。

法輪寺《ほうりんじ》は、山背大兄王が聖徳太子の病気平癒《びょうきへいゆ》を願って建立した寺だ。里の名にちなんで、三井寺《みいでら》とも呼ばれていた。三井という地名も聖徳太子がこのあたりに三つの井戸を掘った、という伝説に由来する。その井戸の一つが、いまも法輪寺の近くに残っている。

そして、現在の中宮寺は、聖徳太子が母である穴穂部間人太后《あなほべのはしひとたいこう》の菩提《ぼだい》を弔《とむら》うために、その御所《ごしょ》を寺にしたものだと伝えられている。鵤《いかるが》尼寺とも称されていた。

聖徳太子が母のために建てた寺

法隆寺夢殿の隣りにひっそりとたたずむ中宮寺は、創建されたときは、現在地から東に数百メートル離れた位置にあった。当初は、約三十メートルの高さの五重塔がそびえ、七《しち》堂伽藍《どうがらん》を有した大寺院だったともいわれている。

しかし、すでに平安時代には荒廃し、鎌倉時代に再興されたが、ふたたび火災のために伽藍を失ったという。現在の本堂は、昭和四十三（一九六八）年に完成した鉄筋コンクリートの建物である。創建時の面影《おもかげ》はまったく残っていないが、本堂の周囲の池の水面に、山吹《やまぶき》の黄色い花が映っているのは美しかった。

中宮寺は六世紀半ばから、皇族の女院を寺主とする門跡尼寺《もんぜきにじ》になっている。現在の宗派は、法隆寺と同じ聖徳宗《しょうとくしゅう》だ。尼寺ということで、やはり優美なたたずまいである。母性的、女性的な感じがするのは、聖徳太子が母への思いをこめてつくった寺だからだろうか。

奈良には、東大寺《とうだいじ》や法隆寺など圧倒されるような寺が多い。そのなかで、中宮寺はひっそりと撫《な》で肩で建っているようだ。境内には人影も少なく、静寂《せいじゃく》が漂《ただよ》っている。

推古《すいこ》二十九（六二一）年十二月に、母の穴穂部間人太后《あなほべのはしひとたいこう》が死去したのち、聖徳太子はこの寺を造営したとされる。だが、その直後、太子自身が病に倒れ、太子の妃《きさき》の一人である膳《かしわでのほき》菩岐岐美郎女《ききみのいらつめ》も一緒に病床についてしまう。

その菩岐岐美郎女が翌年二月二十一日に亡くなると、太子は悲嘆のあまり、翌日の二十二日に亡くなったと伝えられている。四十九歳だった。その二十一年後、太子の後継者だった山背大兄王《やましろのおおえのおう》は蘇我入鹿《そがのいるか》に攻められて、斑鳩寺《いかるがでら》（法隆寺）で一族とともに自害する。

歴史上のヒーローでありながら、悲劇の主人公でもある聖徳太子《しょうとくたいし》。中宮寺は、そうした太子の光と影の両面を、訪れる人たちに静かに語っているようでもある。

弥勒仏《みろくぶつ》への恋情をつづった文人たち

中宮寺は、半跏思惟像《はんかしゆいぞう》と天寿国繡帳《てんじゆこくしゅうちょう》の寺として知られている。とくに、本尊《ほんぞん》の半跏思惟像は、穏やかなほほえみを浮かべた有名な像だ。

この像は、寺伝では「如意輪観音《にょいりんかんのん》」として伝えられている。しかし、美術史的に見ると「弥勒菩薩」だという。特徴的なのはそのポーズで、片足を他の足の上に組んで座った状態を示している。この「半跏」というのは「半跏踏下《はんかふみさげ》」のことで、腰かけて左足を下げ、右足を組んだ形である。

こうした半跏思惟像は、弥勒菩薩として制作されることが多いという。おそらく、中宮寺の半跏像も、本来は弥勒菩薩としてつくられたものなのだろう。

だが、仏像を拝するとき、その名称や種類などはあまり関係ないという気がする。無責任に聞こえるかもしれないが、そういう問題は学者や美術専門家にまかせておけばいい。私たちはただ、なんと美しい仏さまだろう、と見とれていればいいのだと思う。

この半跏像は、日本に現存する仏像のなかでも非常に人気が高い。いままで、どれだけの哲学者や作家がこの像の前でいろいろなことを感じ、考えたかわからない。それを私も若いころから読みつづけてきた。

和辻哲郎《わつじてつろう》など、半ば取り乱したような口調で語っている。亀井勝一郎《かめいかついちろう》は、ほとんど評論家としての言葉をつくしてこの像について書いている。

あの肌の黒いつやは実に不思議である。（中略）あのうっとりと閉じた眼に、しみじみと優しい愛の涙が、実際に光っているように見え、あのかすかにほほえんだ唇のあたりに、この瞬間にひらめいて出た愛の表情が実際に動いて感ぜられるのは、確かにあのつやのおかげであろう。あの頰の優しい美しさも、その頰に指先をつけた手のふるいつきたいような形のよさも、腕から肩の清らかな柔らかみも、あのつやを除いては考えられない。（中略）わたくしの乏《とぼ》しい見聞によると、およそ愛の表現としてこの像は世界の芸術の内に比類のない独特なものではないかと思われる。

和辻哲郎《わつじてつろう》『古寺巡礼』

一切《いっさい》の惨苦《さんく》を征服した後の永遠の微笑でもあろうか。いま春の光りが燦爛《さんらん》とこの姿を照らして、漆黒《しっこく》の全身がもえあがらんばかりに輝いてみえる。(中略) ところで西洋人がつくった様々の彫刻のなかで、とくに思惟の像とも云いうるのは何か。それは比較しうべきものなのであろうか。私はふとロダンの「考える人」を思い出した。そしてこの二つをいつとはなく比べて考えるようになった。(中略) 私はロダンを退けようというのではない。西洋の彫刻をつまらぬとは思わない。ただ比較を絶したものがあるのだ。この仏像に接していると、おのずから故郷へ還《かえ》ったような安らいを覚ゆるのである。

亀井勝一郎《かめいかついちろう》『大和古寺風物誌』

この半跏像については、これ以外にも引用しきれないほどさまざまな文章が書かれている。自分がその像の前にいるという事実が、なにかとても不思議な気がした。

私たちはこういう仏像を前にすると、頭のなかの引き出しからいろいろな知識を引っぱりだそうとする。たとえば、この像は黒光りしていて金属でできているように見えるが、じつは木造だということ。全身が黒いのは、保存のために黒漆が塗られているからだということ。しかも、当初はその黒漆の下地の上に、色鮮やかな彩色がなされていたこと。あるいは、この像がいくつかの小材が組み合わされてできていること。それが、どういう理由からか、一本のクスノキから巧《たく》みに取られていること。

左足の膝の上に右足をのせた形で、右手先を頬にあてて思索する半跏思惟像《はんかしゆいぞう》は、中国から伝来し、日本では飛鳥《あすか》・白鳳《はくほう》時代に好まれてつくられたということ。

そして、弥勒菩薩《みろくぼさつ》は、釈迦の死後、五十六億七千万年ののちにこの世界に現れて、釈迦の救いからもれた人びとを救う仏さまだということ。

私たちは実際に仏像に対面したとき、いまここに挙げたようなことを〈情報〉として思い出して鑑賞しようとする。けれども、それがとても空《むな》しいことのように感じられてくる。

柳宗悦《やなぎむねよし》の『心偈《こころうた》』という本のなかに、「見テ　知リソ　知リテ　ナ見ソ」という私の好きな言葉がある。

これは、見てから知るべきである、知ったのちに見ようとしないほうがいい、という意味だろう。私たちはこういうお寺に来るとき、膨大な知識を頭に詰めこんでいる。その知識を通してお寺の伽藍を見たり、仏像を眺めたりする。なにも知らずにいるのが不安だからだ。しかし、それがいいのかどうか、という気がしないでもない。

むしろ、そうした知識によって、自分の感情が邪魔されたり疎外《そがい》されることもあるのではないか。それより、ただ黙ってこの御仏《みほとけ》の前にじっとたたずんで、無言のうちに伝わってくるなにかを感じる。そういうことのほうが大事なのではないか。

いまのこの瞬間は、ほほえみとも、思いをめぐらせているともつかぬこの不思議な表情の前に、見とれているだけでいい。

私も物書きのはしくれだが、こうして半跏像《はんかぞう》の前に座っていると言葉を失う。言葉は後から考えればいい、という気がしてくる。

和辻哲郎《わつじてつろう》は『古寺巡礼』で、この像について「人間心奥の慈悲《じひ》の願望が、その求むるところを人体の形に結晶せしめたものである」とも書いていた。「慈悲」というのは「慈」と「悲」である。じつは別々のもので、むしろ相反する意味の語だ。

サンスクリット語で「慈」はマイトリー、「悲」はカルナーに当たる。「慈」がヒューマンで理性的な励ましであるのに対して、「悲」は本能的で無条件の愛情といえるだろう。つまり、「慈」は激励であり、「悲」はなぐさめや共感である。半跏像のあの不思議な表情には、「慈」と「悲」の感情が同時に存在している。

私がこの像の前でいちばん素直に感じたのは、自分が許されているという気持ちかもしれない。自分はいま許されているのだ、と。幼児が母親に甘えるような感情が、体のなかにひろがってくる。

半跏思惟像の足の裏

一つ気づいたことがあった。和辻哲郎はこの像を「彼女」とか「聖女」と呼んでいる。多くの場合、この半跏像は「女性」であるという前提で語られているようだ。それは、中宮寺が尼寺であることや、この像が女性的なやさしい雰囲気をもっているからだろう。

しかし、本来、仏像には男女の性別はない。じつは、この像も男性でも女性でもない。例外的に、武将のすがたをした帝釈天《たいしゃくてん》や四天王《してんのう》(持国天《じこくてん》、増長天《ぞうじょうてん》、広目天《こうもくてん》、多聞天《たもんてん》)などは男性神、吉祥天《きっしょうてん》・弁財天《べんざいてん》などは女性神である。秋篠寺《あきしのでら》の伎芸天《ぎげいてん》も女性神だ。この「天」

の名のつく諸尊は、もともとは仏教以外のヒンドゥー教やバラモン教などの神々で、仏教にとり入れられて守護神となったものだ。

それに対して、仏（如来《にょらい》）とは宇宙の真理を悟《さと》った者で、それぞれの極楽浄土を主宰《しゅさい》している存在である。つまり、厳密に言えば、釈迦如来《しゃかにょらい》、薬師《やくし》如来、阿弥陀《あみだ》如来、大日《だいにち》如来、盧舎那仏《るしゃなぶつ》などの如来像だけが「仏像」だということになる。ただし、ふつうは菩薩《ぼさつ》、天、明王《みょうおう》なども含めて、この彫像のことを「仏像」と呼んでいる。

中宮寺の半跏思惟像《はんかしゆいぞう》は弥勒菩薩《みろくぼさつ》とも如意輪観音《にょいりんかんのん》ともいわれるが、いずれにしても菩薩であり、仏（如来）ではない。

悟りを開いた仏（如来）に対して、菩薩はいわば修行中の身である。遠いところにいる仏さまではなく、この世にとどまって衆生《しゅじょう》を救おうとしている。ある意味では、菩薩とはそういう修行をなさっている存在なのだ。

中宮寺の半跏思惟像は、かすかに右手の指を頬に当てて、物思いにふけっているように見える。五十六億七千万年後という遠い未来に、この世のさまざまな人びとをどうやって救えばいいだろうか、と考えていらっしゃるのだろう。

何気なく、そのお顔から下のほうへ視線を向けたとき、はっとした。

全身の黒色はかつて下地として塗られた漆、造立時は彩色されていた

この像に対面する人は、なんともいえないそのお顔の繊細な表情にとらわれてしまう。しかし、それ以外のところを拝見していると、意外にも手首はしっかりなさっている。また、足も頑丈《がんじょう》そうで安定感がある。

これは、衆生を救うために大地を駆《か》けめぐった足だ。おそらく、ありとあらゆる場所を歩き回られたに違いない。そんな尊いおみあしだ、と感じたのである。

撮影のために特別に許可を得て、半跏像のうしろから拝見させていただいた。

その位置からだと、左足の膝の上に軽くのせている右足の裏が見える。半跏像《はんかぞう》の足の裏はふっくらと肉のついた扁平《へんぺい》な形だった。いわゆる扁平足《へんぺいそく》である。

じつは、私の足も扁平足だ。近代の医学では、扁平足はアーチの形成が未発達であるということで、病気扱いされていた。いまでも、ドイツ派の医学者のなかには、扁平足を病気であると頑固《がんこ》に考えている人たちがいる。

明治時代、陸軍の軍医として働いていた森鷗外《もりおうがい》は、徴兵検査にしばしば立ちあった。そして、扁平足の青年たちを障害ある者としてどしどし甲種合格から外したという。そんなエピソードも伝えられている。結果的には、鷗外が不合格にしてくれたおかげで、農村の働き手である若者たちはずいぶん助けられたはずである。

ところが、ドイツの医学では障害とされた扁平足も、日本の農村ではかつて「働き者」の代名詞で、〈わらじ足〉と呼ばれていた。要するに、〈わらじ足〉は、子供のころからの激しい労働で、足の裏の筋肉が異常に発達したものなのだ。アーチの形成が未発達な扁平足とは、その点が違っている。

一見、単なる扁平足と見まがう分厚《ぶあつ》い足の裏だが、〈わらじ足〉の人は、平気で重い米《こめ》俵《だわら》を背負って田のあぜ道を歩く。そのため、〈わらじ足〉の若者なら嫁にやりたい、と娘をもつ農村の父親たちは言ったものだという。〈わらじ足〉は、働き者の証拠だったのである。

「仏足石《ぶっそくせき》」は目に見えない仏の存在を思わせる

私の足もたぶん、その〈わらじ足〉に属するのだろうと思う。

少年のころから、私もやたらと歩いた。中学生のころは、三俵の木炭を積んだ自転車で山道を走ったりした。また、母の実家から父の実家のある集落へと、山を越えて半日がかりで歩いたりもした。高校生のころには、アルバイトで茶の行商などをやっていた。茶箱を自転車の荷台に積んで、ずいぶん遠くまで売りにいった。

そんなことをしてきたので、人並み以上に脚力はついたはずだ。歩くことに関しても、そうとう自信があった。

ところが、中学にはいったころ、これは扁平足という足の障害だ、と教師に指摘される。それ以来、私は長いことそのことを気にしていた。だが、不思議なことに、私は人一倍歩くことが好きだった。耐久力もある。また、走ることもそれほど遅くない。

いまも私の足は扁平足だが、歩くことにかけて不自由はまったく感じていない。それどころか、ものすごく速く長い距離を歩くことができる。〈わらじ足〉のことを知ってからは、これはふつうの人より足の裏が発達しているのだ、障害どころかアドバンテージだ、と考えるようになった。

そのため、中宮寺の半跏思惟像《はんかしゆいぞう》の足の裏を拝見したとき、それが〈わらじ足〉であるのを知って、とても親しみをおぼえた。じつは、半跏像だけではない。いわゆる仏さまの足、釈迦の足は扁平足だったとされている。それを象徴しているのが「仏足石《ぶつそくせき》」である。

仏足石というのは、釈迦の足の形を石に刻んだものだ。インドには古くから、文字通り釈迦が生前に残した足跡として、この仏足石を礼拝《らいはい》する風習がある。

イスラム教では偶像崇拝《ぐうぞうすうはい》が禁じられている。それと同じように、最初は仏教の考えかたのなかにも、仏のすがたをリアリズムで人間の形に写して拝む、ということはなかったのである。具体的に、釈迦のすがたが仏像として表現されるようになるのは、釈迦の死後、何百年も経《た》ってからだ。

仏像がない時代は、釈迦がその下で坐禅を組んで悟りをひらいた菩提樹《ぼだいじゅ》の葉や釈迦の足跡などで、仏というものを象徴していた。本来、釈迦がいるはずの位置に足跡だけをしめして、釈迦の存在を暗示する図も描かれている。

そして、釈迦の足跡そのものが礼拝の対象となっていったのが仏足石だ。人びとは釈迦の足跡が彫られた石に、ある種の厳粛な感じを抱いたのだろう。

インドを発祥とする仏足石は中国に伝来し、さらに、奈良時代に日本にも伝わってくる。それが各地でさかんに模写されて石に刻まれた。

一方、紀元前四世紀のアレキサンダー大王の東方遠征によって、ギリシャのヘレニズム文化が一挙に東方の広大な地域にひろがった。インドもその影響を受ける。そして、ギリシャ彫刻やギリシャの美術のように、人間の表情や横顔など美しいすがたを、神々の具体的な形として表現する彫像が生まれてくる。次第に、仏のすがたも木像や絵で表現されるようになり、それを礼拝する時代に変わっていく。

しかし、仏というものは目に見えない大きな光であり、智恵である。本来は、形があるものとして描かれるべきではない。そういう考えかたが、原始的な仏教のなかにはあった。リアリズムで表現された仏像に対して、仏足石は仏さまの象徴である。ブッダ、あるいは釈迦如来などのシンボルだといえるだろう。じつは、これは大事なことだと思う。

美術的に見ても、たしかに仏像というものは美しいし、素晴らしい。そうではあるが、それを美術品のように鑑賞してしまうのはどうか。本来は、仏像や仏を描いた絵などの背後にあるものこそが、いちばん大事なのではないか。

そのことを私たちに思いださせてくれるのが、仏足石のようなシンボルなのである。

お釈迦さまの〈足の裏〉ということで、親しみももてる。そこに暖かいものも感じる。

中宮寺を訪れて名高い半跏思惟像《はんかしゆいぞう》のお顔を拝したとき、最初は、厳粛な気持ちで対面しなければいけない、と自分に言い聞かせようとした。しかし、その足を見て、ずいぶんあちこちをお歩きになった仏さまなのだなと感じた。

「そんなに硬《かた》くならなくてもいいのですよ」「よく来ましたね」と言ってくださっているような気がした。〈わらじ足〉のご縁、などと書くと顰蹙《ひんしゆく》を買いそうだが、喜んで迎えてくださっているのではないか、という気持ちさえした。

半跏思惟像の〈足の裏〉を拝見して、私はこの仏さまが大好きになった。

「世間《せけん》は虚仮《こけ》」、この世は虚《むな》しいものだ

「世間虚仮、唯仏是真《ゆいぶつぜしん》」――聖徳太子《しょうとくたいし》の言葉としてたいへん有名なものである。

聖徳太子はさまざまな伝説に彩られた人物だ。そのため、太子の実像というものはそのなかに隠されてしまい、虚実がおりまぜになっている。

ただし、「世間は虚仮なり、唯仏《ただほとけ》のみ是《こ》れ真《まこと》なり」というこの言葉だけは、間違いなく太子が遺《のこ》したものらしい。というのは、太子の死後、妃の橘大郎女《たちばなのおおいらつめ》がつくった「天寿《てんじゅ》国繍帳《こくしゅうちょう》」の銘文のなかに、この言葉が記されているからだ。

中宮寺には現在、その「天寿国繍帳」の複製品、レプリカが安置されている。「天寿国繍帳」は、千四百年近く前につくられた日本最古の刺繍《ししゅう》がほどこされた、とばりである。

その実物はぼろぼろに破損した状態で、文永《ぶんえい》十一（一二七四）年、中宮寺を再興した信如《しんにょ》という尼僧によって、法隆寺の蔵から発見された。

実物は劣化がはげしいため、奈良国立博物館が保管している

平安時代末から鎌倉時代にかけて、中宮寺の伽藍《がらん》はひどく荒れはてていたらしい。信如は、発見した「天寿国繡帳《てんじゅこくしゅうちょう》」の修復品をつくり、同時に中宮寺の堂塔《どうとう》の修理も行った。そのとき以来、この繡帳は再興された中宮寺を象徴する寺宝になっている。

レプリカは損傷した断片をつなぎ合わせてつくられたものなので、オリジナルの図柄そのままではないだろう。それでも、そこに美しい浄土のすがたが描かれていることはわかる。聖徳太子《しょうとくたいし》が亡くなったのち、悲嘆にくれた妃の橘大郎女《たちばなのおおいらつめ》が、太子を慕《した》ってこれをつくらせた。下絵は渡来人《とらいじん》の絵描きたちが描き、宮廷の采女《うねめ》たちが刺繡をしたらしい。

このレプリカを見て強く感じることがある。それは、飛鳥時代の仏教界や思想界、あるいは美術界などが、いかにインターナショナルなものだったか、ということだ。いかに異国情緒豊かなものだったか、といってもいい。

下絵は渡来人の手によるものだというが、まさに当時のシルクロードというか、異国の風俗が描かれている。日本最古と聞くと、もっとも日本ふうなものを想像するだろう。しかし、そうではない。じつは、古いものほどグローバルなのだ。

むしろ、飛鳥、天平《てんぴょう》、奈良時代のほうが、日本という島国は世界に向けて開かれていたのではないか。そんなふうにさえ思えてくる。當麻寺《たいまでら》の「お練《ね》り」もそうだし、東大寺《とうだいじ》の大仏開眼供養《だいぶつかいげんくよう》などもそうだ。千四百年前の古代日本には、異国的な風俗が嵐のように流れこんでいた。この繡帳はそういう時代をまざまざと連想させる。

そして、聖徳太子《しょうとくたいし》という人自身、そうした新しい文明を率先してとり入れ、そのなかから新しい日本という国をつくりだそうとした人物だった。

この「天寿国繡帳《てんじゅこくしゅうちょう》」の銘文のなかに「世間虚仮《せけんこけ》、唯仏是真《ゆいぶつぜしん》」の文字がある。その前後に記されている文章の意味は、およそ次のようなものだという。

「太子は御生前いつも、現世は仮の世だが、仏のみは真実だとおっしゃっていたから、いまはおそらく天寿国に生きておられることだろう。しかし天寿国は現実の眼では見えない。そこで図像をつくって、太子御往生の姿をしのびたい」

聖徳太子はプリンスである。推古《すいこ》天皇に代わって、摂政《せっしょう》としてさまざまな改革を行い、新しい国づくりを推進した人だ。その聖徳太子が「世間虚仮、唯仏是真」と考えていた。

この世間や現実世界のことは、みな偽《いつわ》りや虚《むな》しいものなのだ。結局、理想とか正義というものはこの世には存在しない。あるのはただ一つ仏の世界、そういう精神世界にしか存在しえない……。太子は千四百年近くも前に、深いため息とともに、この世は虚しいものだと述べざるを得なかった。

あの聖徳太子にしてそうだった。こう考えたとき、「世間虚仮」という言葉が、二十世紀から二十一世紀を生きてきた私たちの胸に強く響いてくる。

「世間虚仮《せけんこけ》」。目に見えるこの世は虚しいものだ、という感覚。それは、聖徳太子の時代から現在にいたるまで同じではないか。

世間というものは強欲である。非合理である。不条理なものである。もし、そうではないものを求めるとしたならば「唯仏是真《ゆいぶつぜしん》」、つまり、この世ではなく違った世界、仏の世界にそれを求めるしかない。

聖徳太子の時代の斑鳩《いかるが》は、決して穏やかで平和な里ではなかった。

さまざまな陰謀《いんぼう》や策略《さくりゃく》や政争というものが日々くりひろげられていた。聖徳太子の一族もそのなかで滅びてしまった。たいへん血なまぐさい修羅《しゅら》の巷《ちまた》だった、というべきなのかもしれない。そう考えると、斑鳩の里にくり広げられたさまざまな歴史というものが、この一木一草のあいだにも染みついているように感じられる。

修羅の巷だったからこそ、こころに深い罪業意識《ざいごういしき》を抱えていた権力者たちは、競うように寺院を建て、仏像をつくった。そうすることによって、彼らはこの世にないもの、正義と平和のある国を夢見たのだろう。

昨日の斑鳩《いかるが》は、今日の斑鳩ではない。

そして、明日の斑鳩もまた、今日の斑鳩ではあるまい。

その一方で、ここに千数百年も前からずっと存在し、歴史のなかで変わらないものもやはりあるのだな、という気がする。

ここには、千数百年前から変わらない花が咲き、うららかな日射《ひざ》しを浴びている斑鳩がある。その一方では、コンビニやパチンコ店やゴルフ練習場が立ち並ぶ斑鳩がある。

斑鳩の一角で長い歴史を通して、ずっとつづいてきた時間の重み。

その重みというものを感じることができて、私はふしぎに充実した気持ちを感じた。自分の寿命とはべつの意味で、〈大きな歴史の寿命〉に触れたという実感があったのかもしれない。

第八番　飛鳥寺《あすかでら》

日本で最初の宗教戦争の舞台

千四百年前のほほえみ

こんなに小さなお寺なのか、というのが最初の印象だった。

時代は千四百年前にさかのぼる。日本がようやく統一国家へ向けて歩みだしたころ、この飛鳥《あすか》の地に本格的な仏教寺院がはじめて建立された。創建当時は「法興寺《ほうこうじ》」という名前の寺で、現在の二十倍もの寺域《じいき》の壮麗《そうれい》な寺だったらしい。その法興寺の後身が飛鳥寺《あすかでら》（安《あん》居院《ごいん》）である。

しかし、その後この寺はさびれていく。伽藍《がらん》は何度かの火災や落雷によって失われた。江戸時代後期にようやく小さな堂宇《どうう》が再建され、いまはそのなかに日本最古の仏像が残るのみだという。

なにか、こみ上げてくる感慨があった。

〝日本最古の寺〟という面影《おもかげ》は、いまの飛鳥寺の建物にはほとんどない。しかし、現在の本堂のなかの本尊《ほんぞん》は、飛鳥時代からここに安置されていたものだ。「飛鳥大仏《あすかだいぶつ》」と呼ばれる大きな釈迦《しゃか》如来坐像《にょらいざぞう》——日本ではじめてつくられた釈迦如来像だといわれている。

創建当初のままなのは、右手の中三本指、左耳、目のまわりだけだ

その前に立ったとき、大きな衝撃を感じた。大げさに聞こえるかもしれないが、私は電気に打たれたように茫然《ぼうぜん》と立ちつくしたのだ。

なんという表情をしていらっしゃるのだろう。

考えるというか、思惟《しい》するというか、言葉で表現できないような不思議な雰囲気をもっていて、なんとも魅力的だ。私はしばらくその場を離れることができなかった。

お顔はシンメトリーではなく、少し傾《かし》いでいるように見える。

どこからか語りかけてくるような声を感じる。私もそれに応《こた》えたいという気持ちになる。なぜか、この仏さまは私が来るのを待っていてくださったのだ、と思えてならない。

この像は、法隆寺《ほうりゅうじ》の釈迦三尊像《しゃかさんぞんぞう》を制作したことで有名な鞍作鳥《くらつくりのとり》（止利《とり》）の作だ。高さは約二・七五メートルあり、法隆寺の釈迦三尊像より十七年、東大寺《とうだいじ》の大仏よりは百五十年も早くつくられた銅造の仏像である。

ただし、この像も何度も火災にあったため、大幅に修復されている。鞍作鳥がつくったとされている部分は、いまは顔の一部、左耳、右手の指の一部にすぎない。それ以外は、後世の人びとの手で補われ、飛鳥時代の形が再現されている。よく見ると、たしかにお顔は傷だらけで満身創痍《まんしんそうい》なのがわかる。痛々しくさえ見える。

それでも、こうして千四百年ものあいだ飛鳥大仏はここに存在しつづけた。最初の金堂《こんどう》こそ焼失したものの、ずっと同じ位置に座っていらっしゃるという。まさに、飛鳥のシンボルというべきだろう。

神秘的であり、威厳《いげん》に満ちた格調高い表情。これまで私が出会った多くの御仏《みほとけ》たちは、どちらかというとふっくらとしたお顔をされていた。そういうタイプの仏像を見ると、仏教の本家であるインド的な美男子なのだろう、という印象を強く受ける。

それに対して、飛鳥大仏のお顔は面長《おもなが》で、ほっそりしている。鼻が高く、首も長い。文献などには〈アルカイック・スマイル〉と表現されている。

アルカイック・スマイルとは、紀元前五世紀ごろまでのギリシャ彫刻に特有な、素朴《そぼく》で古風な微笑のことだ。そうした古代ギリシャ的なほほえみが、いまの私の目には、逆に近代的なものに見える。

それでいて、私はこの仏さまのお顔に、なつかしさのようなものも感じるのだ。

はるかむかし、こういう顔に出会ったことがある気がする。また、この寺の周囲の風景も、私が子供時代におとずれた街――韓国の慶州《キョンジュ》や扶余《プヨ》などを髣髴《ほうふつ》とさせるところがあった。

この体のなかからわきあがってくる感情は、いったいなんだろう。私は無意識のうちに、記憶の糸をたぐりはじめていた。

衝撃的なニューカルチャーだった仏教

飛ぶ鳥と書いて「あすか」。この言葉はもとは「あすか（明日香）」にかかる枕詞《まくらことば》だった。「飛ぶ鳥の明日香」という言葉は、『古事記《こじき》』や『万葉集《まんようしゅう》』にも登場する。いまは「飛鳥」と「明日香」の両方の表記が使いわけられていて、飛鳥寺があるこの場所は、奈良県高市郡明日香村飛鳥《たかいちぐんあすかむらあすか》である。

飛鳥の里は、畝傍山《うねびやま》、耳成山《みみなしやま》、天香具山《あまのかぐやま》の大和三山《やまとさんざん》に囲まれた狭い場所だ。この人口七千人足らずの小さな村が、六世紀末から七世紀にかけての日本の中心だったとは、いまの感覚ではちょっと信じがたい。

しかし、短い期間ではあったものの、かつてはこの地に飛鳥板蓋宮《あすかいたぶきのみや》や飛鳥浄御原宮《あすかのきよみはらのみや》などがあった。これは歴史的事実である。

飛鳥寺の西側にある甘樫丘《あまかしのおか》にのぼると、大和三山のほかに、三輪山《みわやま》、金剛《こんごう》、葛城《かつらぎ》、二上《にじょう》の山々も見渡せる。飛鳥がいかに狭い場所であるかが実感できる。

この地方には酒船石《さけふねいし》、亀石《かめいし》、石舞台《いしぶたい》といった不思議な石の遺跡《いせき》がいくつも遺《のこ》されている。なかでも、石舞台は巨大な花崗岩《かこうがん》を組みあげてつくられていて、最大の石は七十数トンもの重さがあるという。これは、蘇我馬子《そがのうまこ》の墓だと推定されている。

古代日本で、七十トン以上の巨大な石を運んできて組みあげるためには、何千、いや何万という途方もない人員を要したはずだ。すでに飛鳥時代には、皇室であれ蘇我氏であれ、それだけの大工事を可能にする強大な権力が、この地に存在していたことになる。また、それだけの技術が存在したという事実にも驚かされる。

極東《きょくとう》の小さな島国である日本。そこに閉ざされて生きていた人びとが、六世紀から七世紀という時代に、こうした文化をもつ。やがて、この国ではまだ誰も見たことがないような大きな寺をきずくことになる。

日本に仏教が伝来したのは一説には五三八年、別の説では五五二年である。百済《くだら》の聖明《せいめい》王《おう》が仏像と経論を献じ、七人の僧が日本にはいったのがはじまりだとされている。

当時の朝鮮半島は、高句麗《こうくり》、百済、新羅《しらぎ》の三国に分かれていた。そのなかで、日本と通交していた百済からは美術や工芸などが伝わってきた。もちろん、それは単にモノがはいってきただけでない。人間が文化や技術を運んで渡ってきたのだった。

その後、七世紀半ばに百済《くだら》は唐《とう》と新羅《しらぎ》の連合軍に攻められる。日本は百済を救援するために軍を送ったが、白村江《はくすきのえ》の戦いで敗れてしまう。百済はついに滅亡する。早くから、その百済系の渡来人《とらいじん》たちが多く住んでいたのが、この飛鳥の地である。

当時、大和朝廷を構成していたのは、大和とその周辺に分散する物部《もののべ》氏や蘇我《そが》氏などの有力な豪族たちだった。

物部氏は古くからの武門の名家である。それに対して、蘇我氏は新興勢力だったため、渡来人とは親密な関係にあったらしい。蘇我氏は渡来系の人びとの支援を得て、急速に勢力をのばしていった。

仏教がはいってくると、物部氏と蘇我氏の対立はいよいよ決定的なものになっていく。いわゆる〈排仏派《はいぶつは》〉対〈崇仏派《すうぶつは》〉の図式である。

物部尾輿《もののべのおこし》は、異国の仏を拝すれば日本固有の神々の怒りにふれ、祟《たた》りがあると言って反対した。一方、蘇我稲目《そがのいなめ》は、外来の宗教であっても、仏教を積極的に受け入れるべきだと主張したのである。その二つの勢力が対立するなかで、欽明《きんめい》天皇は百済から送られてきた仏像を宮廷には納めずに、蘇我稲目に与えている。

私たちはいま仏教に対して、古めかしいもののように感じている。しかし、日本に最初に仏教が伝来したとき、それは異国の大きな宗教であると同時に、先進的な文化でもあった。当時の日本人にとっては、衝撃的なニューカルチャーだったことだろう。そのため、仏教は在来の信仰やアニミズム、神道的なカルチャーと激しく対立した。

六世紀末、ついに稲目の子の蘇我馬子《そがのうまこ》と、尾輿の子の物部守屋《もののべのもりや》のあいだで戦いが起こった。馬子は仏教を奉《ほう》じ、守屋は日本古来の神々を奉じたのである。

よく知られているように、この熾烈《しれつ》な戦いで蘇我馬子が勝利をおさめ、物部氏は滅びた。このとき、まだ十代の少年だった聖徳太子《しょうとくたいし》（厩戸皇子《うまやどのおうじ》）も、崇仏の立場を明らかにして蘇我氏の側についている。

この戦いが起こる以前の日本の天皇たちは、仏教の受容に対してそれほど積極的ではなかったようだ。というのも、一面では天皇自身が日本古来の神を祀《まつ》る司祭者である。いわば、自らが宗教的権威を体現していたといえる。

しかし、推古《すいこ》天皇の時代になると、聖徳太子が摂政《せっしょう》として実質的に政権を担当するようになった。太子は政治を革新するための基調として仏教を採用する。さらに、仏像をつくらせ、寺を建てることを奨励《しょうれい》した。そのため、太子の時代になると仏教は興隆《こうりゅう》し、少しずつ浸透《しんとう》していくことになる。

一方、物部守屋《もののべのもりや》に勝った蘇我馬子《そがのうまこ》は、日本ではじめての本格的な大伽藍を持つ寺の建立《こんりゅう》を思いたつ。それが飛鳥寺（法興寺《ほうこうじ》）である。すなわち、蘇我氏にとっては仏教の勝利宣言であり、そのモニュメントでもあっただろう。

飛鳥寺の建設がはじまったのが五八八年である。それ以来、日本の地にはずっと仏教が生きつづけてきた。最初のころの仏教の精神というものが、いまも生きているのかどうかはわからない。だが、この日本第一号といえる飛鳥寺以後、寺は日本中にたくさんつくられてきた。そして、いま私はそうした寺をめぐり歩こうとしている。

その日本の寺の原形であり、ルーツともいえる飛鳥寺は、じつは渡来人たちの力でつくられたものだった。

飛鳥寺が出現するまでは、仏像はごく私的に自宅などで祀《まつ》られていたにすぎなかった。次第に飛鳥寺は、蘇我氏一族の寺から国家としての威信《いしん》をかけて建立される本格的な仏教寺院、という意味をもつようになっていく。

しかし、もちろん当時の日本に寺院建築の技術などはない。そのため、建築家や瓦工《かわらこう》や彫刻家などさまざまな技術者集団が、このプロジェクトのために百済から招かれた。日本とのつながりを強めておきたい百済は、その要請に応じて大勢の工人や僧を派遣した。さらに、日本初の本格的な寺院建立の場所として選ばれたのも、〝渡来人の里〟というべき飛鳥だった。

じつは、当時の飛鳥は国際色豊かな場所であり、日本的というイメージよりは、はるかにエキゾチックな地域だったのである。

そう考えると、日本とはなにか、と私はあらためて思ってしまう。

飛鳥という〝日本のふるさと〟といわれる土地でありながら、そのふるさとの奥にはまたべつの〝ふるさと〟がある。そのふるさとの奥にはまたさらにべつの〝ふるさと〟がある。そんなふうにして、タマネギの皮をむくようにしていくと、最後には思いがけないものにたどりつく。

私たちが日本的なカルチャーだと思っているものは多い。しかし、じつはあらゆるものはグローバルであり、インターナショナルなのではないか。

「かわらぶき」は寺のこと

飛鳥寺のことをくわしく知れば知るほど、私はさまざまな事実に驚かされた。

まず、当時の日本にはまだ「瓦」というものさえ存在していなかった。しかし、飛鳥寺の伽藍の屋根は瓦葺《かわらぶ》きである。つまり、飛鳥寺は日本における瓦葺きの最初の建造物だったことになる。

奈良で人と話していると、寺のことを「かわらぶき」と呼ぶのを聞くことがある。そういう言葉がいまだに残っていることにも驚かされるが、そのことからも、日本最初の瓦葺きが寺だったのは間違いない。飛鳥寺は瓦葺きのルーツでもあったのだ。

飛鳥寺の創建時の瓦を焼いた窯《かま》の跡も発見されている。発掘された瓦の破片は百済の瓦にそっくりで、百済系の渡来人の手で焼かれたことを裏づけている。

また、現在の飛鳥寺の境内には塔の心礎《しんそ》も残っている。この塔が三重塔だったのか五重塔だったのかは、学者のあいだでも結論が出せずにいるらしい。ただし、五重塔だった場合は法隆寺《ほうりゅうじ》の塔と同じくらいで、高さは三十メートルあまりと推定されている。

瓦が出現する以前の日本人の住居といえば、たいてい茅葺《かやぶ》きや藁葺《わらぶ》きだった。皇族が住んでいた宮殿でさえ、そうしたものだったらしい。そこに、突然、見たこともない瓦葺きの金堂や、三十メートル以上の塔が出現したのだ。

日の光を受けて燦然《さんぜん》とかがやく甍《いらか》の波、空高くそびえ立つ塔。

それは、飛鳥の人びとの目には、現代の超高層ビルのようにも、超モダンなガラス張りのビルのようにも見えただろう。彼らはなんともいえない驚きとショックを感じたはずだ。そして、仏教というニューカルチャーの先進性を強烈に印象づけられたに違いない。

飛鳥寺を訪れたときの私の第一印象は、「小さな寺」というものだった。だが、約千四百年前にここに出現した寺は、人びとを瞠目《どうもく》させた巨大な建築物だったのである。それは、この一帯のどこからでも遠望できたはずだ。

しかし、残念ながら、その塔も堂宇も何度かの火災にあって焼失してしまう。いまはただ、このように小さな寺となって、田園風景の一画にひっそりとたたずんでいる。

一つの塔と三つの金堂をもつ

もう一つ、たいへん興味深い事実がある。飛鳥寺の創建当時の伽藍配置は、「飛鳥寺式」と呼ばれる日本で唯一のものなのだ。

昭和三十一（一九五六）年に行われた飛鳥寺の発掘調査で、はじめてその伽藍配置が明らかになった。それは、法隆寺や四天王寺《してんのうじ》のような「一塔一金堂」の様式とも、東大寺や薬師寺《やくしじ》のような「二塔一金堂」とも違っていた。一つの塔を、東西の金堂と中金堂の三つの金堂が囲む「一塔三金堂」という様式だったのである。

時代の流れからいえば、いちばん古いのがこの飛鳥寺の様式だ。すなわち、一つの塔を中心にして、金堂が三つあるという形。

次が法隆寺や四天王寺などに見られる様式で、塔と金堂が一対一の対等な形だ。四天王寺では塔が前で、金堂がうしろにある。法隆寺では塔が左で、金堂が右になっている。ところが、時代が下ってくると、一つの金堂が東塔・西塔の二つの塔を従えるような伽藍配置が増えてくる。

注目すべきは、寺における塔の位置づけの変化、ということだ。

私は、塔というのは基本的にはストゥーパだと思っている。ストゥーパとは仏舎利《ぶっしゃり》、つまり釈迦《しゃか》の遺骨《いこつ》を納めた舎利塔だ。仏像がない時代は、仏舎利を塔の心礎の下に埋めて釈迦の廟《びょう》、あるいは墓所として礼拝《らいはい》した。

それに対して、金堂は仏像を納める建物である。

最初に日本にできた飛鳥寺は、塔が中心の寺だった。ということは、仏舎利が中心だったわけだ。そういえば、飛鳥大仏が完成して本尊として金堂に安置されたのは推古《すいこ》十四

(六〇六)年であり、飛鳥寺の完成からは十年あまりも後である。このことは、仏舎利が仏像よりもはるかに重視されていたことを示していると思う。

やがて、仏教のスタイルが次第に変わってくる。奈良時代になると、仏教美術が黄金時代を迎え、さまざまな技法を駆使して仏像が造形される。そのため、金堂に安置された仏像が重視されるようになり、寺の中心は塔から金堂に移っていくのだ。対照的に、塔は装飾的なもの、いわば寺のアクセサリー的な存在に転じていく。

飛鳥寺の「一塔三金堂」という様式は、他の日本の寺にはまったく見られないユニークなものだ。ただし、その後の調査によって、当時の朝鮮半島には、飛鳥寺と同じ「一塔三金堂」の伽藍配置が存在していたことがわかった。

さらに、飛鳥寺の発掘調査では、地中約三メートルのところに埋まっていた塔心礎と一緒に、仏舎利を納めた容器も発掘された。それは、千四百年前に日本に伝えられた最古の仏舎利だといえるだろう。

こうした歴史的事実を目の前にすると、ますますこの小さな国の歴史の深さというものを感じないではいられない。

日本の原風景といわれる飛鳥の里は、朝鮮半島の慶州《キョンジュ》に似ている

野ざらしになった飛鳥大仏

私は発掘された塔心礎が置かれている場所に立った。そして、かつてはここに三十メートルもの高さの塔が建ち、あたりを睥睨《へいげい》していたことを想像した。

その横にべつの案内板があった。そこに書かれていた文章に私の目は惹《ひ》きつけられた。

「視野を遠く放つべし。ここに立ちて見る風景は古代朝鮮半島、新羅の古都慶州《キョンジュ》、百済の古都扶余《プヨ》の地と酷似しており、大陸風で飛鳥地方随一《ずいいち》なり。日本文化のふるさとである古都飛鳥のこの風景には、古代百済や新羅の人々の望郷の念を禁じえない」

これを読んで驚いたのは、「新羅の古都慶州、百済の古都扶余の地と酷似しており」というくだりである。私もここに来て最初にそう感じたからだ。韓国の慶州のあたりに、なんとなく雰囲気が似ている、と思ったのである。

あらためて周囲を見回してみた。こんもりとした緑の山に囲まれた田園風景のなかに、幻のように飛鳥寺の壮麗な伽藍が浮かびあがってくる。日本の古代国家の草創期《そうそうき》に、渡来人の英知と技術を結集してつくられた寺。創建当時の飛鳥寺の建物は、それまでの日本にはないエキゾチックなものだった。

その大プロジェクトのために、大勢の技術者や文化人や僧が、朝鮮半島から日本へと渡来してきた。そして、自分たちのふるさとに非常によく似た風景のなかに、寺の堂塔《どうとう》を建てる。彼らは私と同じようにこの場所に立って、ふるさとの慶州《キョンジュ》や扶余《プヨ》をなつかしく思い出したのだろう。古代日本のボーダーレスな雰囲気が感じられる。

日本へ旅立ったとき、おそらく彼らは、もう二度とふるさとの土を踏まない覚悟だったはずだ。彼らは日本という未知の国に帰化し、異国の地に根づいて学問を教え、文化を担《にな》い、さまざまな技術を伝えて、日本で亡くなったのだ。

聖徳太子が仏教を学んだ師も、高句麗《こうくり》から来た恵慈《えじ》と百済《くだら》から来た慧聡《えそう》という渡来僧である。この二人の僧は飛鳥寺建立にも関わっていたらしく、完成後は飛鳥寺に住んでいる。また、飛鳥大仏をつくった鞍作鳥《くらつくりのとり》も渡来人の子孫だった。

この寺が完成すると、多くの渡来僧や仏教を学ぶ人びとがここに集まった。ここはある意味で、当時の一大仏教センターのような存在だったらしい。

それ以上に、渡来人たちにとって、ふるさとの寺と同じような塔がこうして存在するということは、こころの支えにもなっていたのではないか。

彼らとは逆に日本から朝鮮半島へ渡って暮らしていたことがある私には、その心情が少しはわかる気がする。

しかし、この飛鳥寺の隆盛も長くはつづかなかった。物部氏《もののべ》という対立勢力がなくなった蘇我《そが》氏の専横《せんおう》ぶりは、次第に目にあまるものになっていく。聖徳太子《しょうとくたいし》は推古《すいこ》三十（六二二）年に逝去《せいきょ》し、その後、蘇我馬子《そがのうまこ》の子の入鹿《いるか》が権力をにぎる。入鹿はついに、聖徳太子の長子である山背大兄王《やましろのおおえのおう》と彼の一族を滅ぼしてしまう。

その入鹿も皇極《こうぎょく》四（六四五）年に、中大兄皇子《なかのおおえのおうじ》を中心とする中臣《なかとみ》（藤原）鎌足《かまたり》らの豪族たちの手で殺害された。日本における一大クーデターといわれる大化改新《たいかのかいしん》である。中大兄皇子と中臣鎌足が出会ったきっかけは、その一年前に飛鳥寺で開かれた蹴鞠《けまり》の会だった、という言い伝えもある。

当時の飛鳥寺はいわば文化サロンでもあった。広い寺域には広場もあって、蹴鞠などのさまざまなイベントが行われていたのだろう。

また、現在、飛鳥寺のすぐ隣りに「入鹿の首塚《くびづか》」といわれている小さな石塔がある。大化改新で入鹿は中臣鎌足に討《う》たれた。そのとき、入鹿の首が飛鳥板蓋宮《あすかいたぶきのみや》から飛鳥寺まで飛んできて、ここに埋められたという伝説がある。

藤原京遷都《ふじわらきょうせんと》ののち、飛鳥の地に取りのこされた飛鳥寺は徐々に衰退する。さらに、和銅《わどう》三（七一〇）年には平城京遷都《へいじょうきょうせんと》にともなって奈良につくられた新しい伽藍に移され、名前も「元興寺《がんごうじ》」とあらためられた。

元興寺は奈良市中院町に現存する。しかし、本尊はそのまま元の飛鳥寺の伽藍に残り、寺は「本元興寺《もとがんこうじ》」とも呼ばれるようになった。

その後、建久《けんきゅう》七（一一九六）年の落雷で、飛鳥寺（本元興寺）はほとんどの伽藍を焼失してしまう。本尊もその際にかなり傷つく。しかし、焼失した金堂は、文政《ぶんせい》十一（一八二八）年になるまで再建されなかった。

つまり、日本最古のこの仏さまは、それまでずっと野ざらし同然の状態だったのである。雨に打たれ風に吹かれながら、それでも、あの不思議な表情をしていらしたのだろうか。そんなふうに想像すると、私は胸がつまるような気がした。

なんとかお守りしようということで、像の四方に丸柱だけを四本立てて、上を茅《かや》などで葺《ふ》いて雨露をしのいでいた時期もあったという。

私は、飛鳥大仏がこれまで見つめてきた千四百年という歴史の重みをあらためて思った。全身に傷を負ってぼろぼろになりながら、当初からほとんど同じ位置に、こうしてずっと端座《たんざ》していらっしゃる仏さま。そのことを、奇跡のように私は感じたのだ。

渡来人のこころのふるさと

古代日本には、朝鮮半島から大勢の渡来人たちがやってきている。彼らは農耕技術から土木技術、養蚕《ようさん》、機織《はたお》り、仏教、医学など、さまざまな分野の最新技術をもちこんだ。そして、多くはそのまま日本に帰化し、技術者集団として朝廷に仕《つか》えたのだった。

七世紀半ばになると百済《くだら》は滅び、多くの百済人が日本に亡命した。彼らには、もはや戻るべき国はなかったことになる。

母国から荒海を越えて、はるばるやってきた日本。そこで、ふるさとに似た飛鳥の風景や飛鳥寺の塔を眺めたとき、彼らはどんな気持ちになっただろうか。もちろん、そこには望郷の念もあったことだろう。だが、なつかしさや切なさだけではなく、もっと複雑な感情を彼らは抱いていたのではなかろうか。

私は朝鮮半島からの引揚者《ひきあげしゃ》である。自分のことをふり返ってみると、はたしてどこに帰るべきなのか、私にとって〝ふるさと〟とはどこなのか、と不安を感じることがある。

日本が昭和二十年に敗戦したのち、私は当時の植民地だった朝鮮半島から本土へ引き揚げてきた。両親の出身は九州の筑後《ちくご》地方である。しかし、私の望郷の感情というのは、両親のふるさとの福岡ではなく、自分が幼年期をすごした朝鮮半島の山河にあった。

この飛鳥に似た雰囲気だった韓国の町や里。私の気持ちの深いところに、そこですごした記憶がくっきりと焼きついている。戸籍上のふるさとは福岡でも、こころのふるさとは朝鮮半島にあったのかもしれない。

やがて、上京してからは、東京の中央線沿線で青春期をすごした。中野を中心とする中央線と西武線にはさまれた一帯は、私にとっては第二のこころのふるさとのようなものだった。さらに、作家として第二の人生のスタートを切ったのは、北陸の金沢である。これも、忘れがたいふるさとといえるだろう。

あわただしいマスコミ生活をすごして五十歳を越えたときに、私は三年間の休筆をしている。京都へ移り住み、大学の聴講生になって仏教の歴史を学んだ。その一方では足しげく奈良へ通うようになる。その縁で、法隆寺の近くの小高い丘に両親と弟の遺骨を預けることになった。こうしてみると、大和・奈良もまた私のもう一つのふるさとのような気がする。

そして、もっとも長く住んでいるのが横浜である。ここが私の終《つい》の住処《すみか》になるかもしれない。

こう考えると、私はじつにたくさんのふるさとを持っている。それぞれに忘れがたい、大事な〈根《ね》の国〉だ。もし、そのふるさとのどれか一つを選べと言われても、それは不可能だろう。どの故郷の土に還《かえ》る気か、と問われたら口ごもるしかない。

なぜなら、〈根〉でもなく〈土〉でもなく、私が還る場所は現実の土地ではないからだ。私が思うのは、つねに流れてやまない漠然とした思い出の国、幻の母国なのである。

私は本当の故郷、ただ一つのふるさとを持たない。しかし、そのことを不幸とは感じていない。人間の生活する場所、そして、人びとがそこで暮らす場所、そここそが、つねに私の現在の故郷だと感じられるからだ。家柄とか、土地とか、出身とか、そういうものを超えた自由なこころのふるさと。

もしかすると、かつて朝鮮半島から来た渡来人たちも、そうした自由なこころのふるさとを持つことへの強い思いがあったのではないか。彼らも、風のように見えない故郷を持ち、いま生きている場所を母国と感じようとしたのではないか。

「国のまほろば」である大和、「日本のふるさと」である飛鳥は、じつはそうした渡来人たちによってつくり上げられた文化の地なのだ。

むかしから、文化は異邦人としてその土地を訪れた人びとによってつくられてきた。

十八世紀のロシア文化を築きあげた女帝エカチェリーナ二世はドイツ人だった。イギリス文学史にその名を残すジョーゼフ・コンラッドはポーランド人として生まれ、成人したのちに英語を一から学んだ作家である。その著作によって西洋人の日本観に大きな影響を与えたといわれるラフカディオ・ハーン（小泉八雲《こいずみやくも》）は、生涯日本語を苦手としていた。

彼らは、還《かえ》るべき〈根〉をそれほど強く求めたとは思えない。しかし、彼らによってその地の生活や文化は深い奥行きを得た。

日本国家の草創期に、朝鮮半島から文化を運んできた無名の渡来人たち。私も、幼いころに朝鮮半島へ渡り、戦後に引き揚げて日本へやってきた人間である。ある意味では、渡来人の一族だといえるかもしれない。

その〝新しき渡来人〟である私が、こうして千数百年の歴史をへだてて飛鳥の地を訪れて、こころのふるさとを探す旅をつづけている。古代からの歴史をくり返しているのかもしれない、という気がした。

飛鳥大仏は静かなほほえみを浮かべながら、そんな悠久《ゆうきゅう》の歴史を見守っている。

第九番　當麻寺《たいまでら》

浄土への思いがつのる不思議な寺

生の世界と死の世界の境《さかい》にある寺

二上山《にじようさん》は、奈良盆地のどこから見ても西の方角にある。

日が落ちて空が赤く染まると、この山の特長である隆起する二つの峰《みね》のシルエットが黒々と浮かびあがる。高い方が雄岳《おだけ》、平たい方が雌岳《めだけ》である。

むかしは「ふたかみやま」と呼ばれていた。

私はかつて、この山をモチーフに『風の王国』という小説を書いた。

次第に闇のなかに沈んでいく二上山のシルエットを見つめていると、私の目の前には、幻のようにぼんやりと、ある光景が浮かびあがってくる。

それは、飛鳥《あすか》時代の貴人の葬儀の行列である。

当時、権力者たちの多くが、飛鳥の都から遠く離れた二上山を越え、その西側の河内《かわち》にある墳墓群《ふんぼぐん》に埋葬された。遺体を納めた棺《ひつぎ》はすぐに埋葬されるのではない。その前に「殯宮《もがりのみや》」で儀式が行われる。それが終わると、二上山の南側の竹内街道《たけのうちかいどう》を通り、竹内峠《たけのうちとうげ》を越えて、大和《やまと》から河内へと運ばれていく。

當麻寺仁王門にて。門が額縁となって二上山の姿を浮かびあがらせる

挽歌《ばんか》をうたう人びとの声や嘆きの声のなかを、その長い行列は静かに進む。葬列が向かう先には二上山《にじようさん》がある。彼らにとって、二上山の向こう側は死者の国だったのだ。

大和の人びとは、大和と河内《かわち》の境に位置するこの山の、こちら側を現世、西の向こう側を浄土《じようど》と考えていた。いわば、二上山は生の世界と死の世界をわける結界《けつかい》だったのだ。

〝日出づる〟側の大和を象徴するのが三輪山《みわやま》であり、〝日没する〟側の大和を象徴するのが二上山だといってもいい。そして、世界をこの二つにわけたとき、ちょうどその要《かなめ》のところが當麻寺《たいまでら》に当たるのではないかと思う。

地図を見ると、二上山を境にして東側が奈良県北葛城《きたかつらぎ》郡當麻町、西側は大阪府南河内郡太子町《たいしちよう》である。當麻寺は、二上山の東の裾野《すその》に広がる當麻の里にある。正式名称は「禅林《ぜんりん》寺《じ》」というらしいが、一般的には「當麻寺」で通っている。

當麻寺は、法隆寺《ほうりゆうじ》や東大寺《とうだいじ》のような大寺ではないし、観光名所としてもそれほど有名ではない。しかし、二上山の山ふところに抱かれるようにして広がるこの寺には、何か異様に私の関心をそそるものがある。

當麻寺に入るときは、私は裏通りから行くのが好きだ。そして、仁王門《におうもん》からはいるほうがいい。仁王門は、二上山の雌岳と雄岳を額縁《がくぶち》のように切りとって見せてくれる。

この寺の歴史がまたおもしろい。ふつう寺は、仏教の一つの宗派に属しているものだが、當麻寺では、浄土宗《じょうどしゅう》の塔頭《たっちゅう》と真言宗《しんごんしゅう》の塔頭が混在している。たとえば、中之坊《なかのぼう》は真言宗で、奥院《おくのいん》は浄土宗だ。

寺伝によれば、最初は三論宗《さんろんしゅう》の寺院だったそうだ。推古《すいこ》二十年、西暦では六一二年に、用明《ようめい》天皇の皇子《おうじ》の麻呂子《まろこ》皇子《のみこ》（當麻皇子）が創建したとされている。およそ千四百年前だ。

その三論宗の寺だった當麻寺に、ある時、真言宗の開祖《かいそ》である弘法大師《こうぼうだいし》（空海《くうかい》）が立ち寄って、この寺に伝わる「當麻《たいま》曼荼羅《まんだら》」を拝した。それ以来、當麻寺は真言宗の寺になった、と言い伝えられている。

さらに、鎌倉時代以降、その當麻曼荼羅にゆかりのある中将姫《ちゅうじょうひめ》伝説が阿弥陀《あみだ》信仰と結びついて、浄土宗がはいってきた。それ以後、當麻寺には真言宗と浄土宗が共存するようになったという。

また、このような異例なあり方以上に私が興味を惹《ひ》かれるのは、この寺が庶民に支えられてきた寺だということだ。

當麻寺はもともと、地元の豪族である當麻氏の氏寺《うじでら》として発展してきた。だが、途中で當麻氏は勢力を失って、ついにはこの地を去ってしまう。

しかし、當麻寺はその後も衰退しなかった。それは、この地に住む里の人びとの信仰心に支えられてきたからだ。

高野山《こうやさん》や比叡山《ひえいざん》の寺は、朝廷によって創建され、その後もスポンサーとして保護されている。ほかの寺も、有力な豪族に支えられていたりする。それに対して當麻寺は、この一帯に住む人びとの熱心な帰依《きえ》によって支えられてきた。

その点が非常にユニークなのだ。

曼荼羅《まんだら》を前に、浄土をおもう

當麻寺の本尊《ほんぞん》は、一般には「當麻曼荼羅《たいままんだら》」と呼ばれる織物、一種の〝絵〟である。その図柄は西方浄土《さいほうじようど》のありさまを表し、正式には「観無量寿経変相図《かんむりようじゆきようへんそうず》」と呼ぶ。

寺の本尊というのは、ふつう、仏像や名号《みようごう》である。本尊がビジュアルな絵という寺は、日本ではここだけらしい。

そのため、當麻寺の本堂《ほんどう》は「曼荼羅堂《まんだらどう》」とも呼ばれている。

内陣《ないじん》にはいると、厨子《ずし》のなかに曼荼羅が安置されている。金網が張られているので、はっきりと見えないのが残念だが、縦横それぞれ四メートル近くもある巨大なものだ。

かつて二上山《にじょうさん》の彼方《かなた》に沈む夕日を見ながら、当時の人びとが思い描いた浄土というものを、目に見えるように表したのがこの曼荼羅なのである。

もちろん、この曼荼羅は原本《げんぽん》ではない。原本は傷《いた》みがひどく、現在私たちが見ることができるのは、十六世紀初頭に写本された「文亀《ぶんき》曼荼羅」と呼ばれるものだ。それでも、五百年近い時をへていて、写本とはいえ、歴史的にも価値のある立派な本尊である。

いままでに何度か拝見しているが、この前に立つとさまざまな思いが浮かんでくる。

以前、弟がガンで亡くなったとき、奈良の知人から短い弔電《ちょうでん》をいただいた。

「クエイッショ　トモニ　ジョウドニ　ウマレン」

という短いものだが、たくさんの弔電のなかでも深く印象に残っている。

クエイッショは、「倶会一処」と書く。

貴族も農民も浮浪者も、善人も悪人も、人はすべて死んだのちは光にあふれた浄土でむかえられるのだという、法然《ほうねん》や親鸞《しんらん》などの思想にもとづく表現であろう。

死ぬということは、別れるだけでなく、あの世でふたたび出会うことでもあるという、明るい確信がそこにはある。

人間はそれぞれにいろんな人生を送る。死に方もさまざまだ。しかし、いつかはどこかで皆がともに再会することになる。早く亡くなった母や父とも、また、突然世を去った弟とも、そして、先立っていったさまざまな人たちとも、ひとつの場所で出会うことになる。その確信に救われるのである。

こうして曼荼羅の前に立っていると、父母や弟らと本当に会えるような気がしてくる。また、彼らがこの世に戻ってくるような気がする。

この當麻曼荼羅《まんだら》という一枚の織物が、なぜ人びとの信仰を集めたのかが実感としてわかるようにも思われてきた。

かつて、この国では、生きていること自体が大変なことだった。生きる喜びを味わうというよりも、生きること自体が苦であって、一日も早くその苦から逃れて幸せな浄土へ旅立ちたい、というのが庶民の願いだっただろう。そういう時代にあっては、高いところからなされる説教ではなく、誰もがこころに思い描くことができる浄土を描いた図――曼荼羅のほうが人びとの救いになる。

農民も、大人も、女性も、子供も、老若男女《ろうにゃくなんにょ》ありとあらゆる人たちが、これを見て浄土を思い描き、救いとしてきたのだ。

當麻寺へ行けば、曼荼羅に描かれた極楽を生きながらにして拝むことができる。それが、時代にかかわらず、多くの庶民の信仰を集めたのにちがいない。

ドラマのヒロイン、中将姫《ちゅうじょうひめ》

伝説によれば、當麻《たいま》曼荼羅《まんだら》は、天平宝字《てんぴょうほうじ》七（七六三）年に中将姫という女性の願いにより、観音菩薩《かんのんぼさつ》が蓮糸《はすいと》で一夜にして織りあげたといわれる。

いま、中将姫は、曼荼羅が収まっている厨子《ずし》から右手にまわりこんだところに安置されている。清楚な袈裟《けさ》を身にまとい、手には数珠《じゅず》を持ち、合掌《がっしょう》している。

はじめて當麻寺に来てこの中将姫の坐像を見て以来、私はすっかり虜《とりこ》になってしまった。少々大げさかもしれないが、〝大和のモナ・リザ〟と書いたことがある。

伝説では、中将姫は奈良時代の高官、藤原豊成《とよなり》の娘だといわれている。十六歳で出家して當麻寺にはいり、深い信仰生活を送った。そして、菩薩の力を借りて當麻曼荼羅を蓮の糸で一夜にして織りあげ、わずか二十九歳で浄土へ往生したというのである。

この中将姫をヒロインにして、じつにさまざまなドラマがつくられた。物語になり、芝居になって、多くの人びとに愛された。能《のう》や浄瑠璃《じょうるり》、歌舞伎《かぶき》にもなっている。

この像にはなんともいえない不思議な魅力がある。「生けるがごとき」といえば月並みな表現になるし、物を書く人間として、そういう言いかたをするのは照れくさい。しかし、この像は、まさに「生けるがごとき」表情をしている。

唇はかすかに半開きになっている。その半開きの唇にさされた紅の色が、色あせていながらも、とてもなまめいている。

セクシーと言っていいのか、エロティックと言っていいのか。

信仰の対象となるヒロインの像に対面すると、ふつうは「かたじけなさに涙こぼるる」とか、「ああ、ありがたい」という感じを抱くものだろう。ところが、その潤《うる》んだような、充血したような目や、かすかに開いた唇を見ていると、逆に自分のなかの煩悩《ぼんのう》の炎がめらめらと燃えあがってくる気がしてくる。

小説家として勝手な想像をふくらませれば、中将姫《ちゅうじょうひめ》は人並みはずれた強い欲望や情念をもち、情熱に身を焦《こ》がすタイプの女性だったのではなかろうか。

そういう自分の危《あや》うさに気づいて、十代で寺に身を投《とう》ずることで、こころのバランスを保ったのではないか。

本尊を祀る曼荼羅堂に安置される中将姫。中之坊には画像もある

生々しくてエロティックで、それでいて清らかに身を持《じ》した。その内面の葛藤《かっとう》が、彼女の顔にはありありと見える。もし、俗世間にあってふつうに生きていたなら、大変なドラマの主人公として後世に語り継がれ、名を残した女性だったかもしれない。

この中将姫《ちゅうじょうひめ》の伝説と結びつくことで、浄土宗や曼荼羅は多くの人びとの信仰を集めてきた。人びとは浄土という物語を信じたのである。

源信《げんしん》は法然《ほうねん》や親鸞《しんらん》の思想の先がけとなった

浄土信仰が盛んになったのは、十世紀半ばに空也《くうや》が諸国を念仏行脚《ねんぶつあんぎゃ》して庶民に対して念仏の功徳《くどく》を説いたり、恵心僧都源信《えしんそうずげんしん》が『往生要集《おうじょうようしゅう》』を書いて教義を説いたり、念仏往生《ねんぶつおうじょう》の方法を示してからである。

そして、鎌倉時代以降、飛躍的に発展したのは、釈迦《しゃか》の没後二千年以降は末法《まっぽう》の時代に入り世の中は乱れるという、末法思想が流行したあとだ。末法の初年は、永承《えいしょう》七(一〇五二)年である。当時は本当に世の中が混乱していた。このため、来世の極楽往生を求める浄土信仰が貴族から庶民まで急速に広がり、定着していった。

こうして、浄土信仰がひとつの宗派として確立し、浄土宗となった。浄土宗の開祖《かいそ》は法然である。庶民を対象に布教を行い、浄土宗を開いた。

そして、浄土宗が盛んになるにつれ、やがて浄土のありさまを描いた曼荼羅が浄土宗で重用《ちょうよう》されるようになり、真言宗《しんごんしゅう》であった當麻寺に浄土宗がはいりこんだわけである。

毎年五月十四日、ここで練供養《ねりくよう》が行われる。俗に「當麻のお練《ね》り」といわれているが、正式には「二十五菩薩来迎会《にじゅうごぼさつらいごうえ》」という。

残念ながら、私はまだ実際に見たことはない。だが、いろいろな文献に載っている写真などを見ると、これがじつにおもしろい。

その日だけは本堂が「極楽堂《ごくらくどう》」と呼ばれ、そこから娑婆堂《しゃばどう》までが「来迎橋《らいごうばし》」という板橋でつながれる。その上を、二十五菩薩のすがたに仮装した人たちが練り歩き、中将姫の像を極楽へと導くのである。その日は近隣や各地から訪れる大勢の人びとで埋めつくされ、たいへんなにぎわいになるという。

儀式がクライマックスに達し、中将姫が二十五菩薩に迎えられて、極楽浄土を表す極楽《ごくらく》堂《どう》にたどりつくころ、ちょうど二上山《にじょうさん》に夕日が沈みかける。金色の後光が、菩薩たちを照らしだす。集まった人びとはその来迎《らいごう》の情景を拝み、二上山の落日を眺め、その向こうにある極楽浄土を想像して法悦《ほうえつ》に浸る。

二十五菩薩《ぼさつ》に扮《ふん》した人びとのファッションからは、なんとなくエキゾチックな印象を受ける。はるかむかし、こうした華やかなイベントを考えて実行した人は、プロデューサーとしても優れた才能の持ち主だったに違いない。

この練供養《ねりくよう》は、ある意味ではショーアップされたエンターテインメントだといえるだろう。源信《げんしん》という僧が、極楽や弥陀来迎《みだらいごう》のありさまを視覚化するためにはじめた「迎講《むかえこう》」が起源だとされる。

源信は、身分の上下を問わず、すべての人びとと手を携《たずさ》えて浄土へ往生しようと願った。その彼が、念仏による極楽往生の方法を示したのが『往生要集《おうじようようしゆう》』である。源信はその意味で、日本の浄土宗の原点ともいうべき人であり、法然《ほうねん》、親鸞《しんらん》と連なる念仏者《ねんぶつしや》の系譜の先駆者ともいえる。

源信の生誕の地とされる場所から當麻寺へつづく道は、二上山《にじようさん》がもっともよく見えるという。源信は幼いころから、二上山に夕日が沈むのを眺めながら育ったのだ。信心深い母と姉に連れられて、當麻寺にもしばしば詣《もう》でたにちがいない。

基本的に源信の信仰とは、阿弥陀如来《あみだにょらい》を信じて念仏することによって、人は臨終《りんじゅう》をとげるときに浄土へ往生することができる、ということだ。

この信仰をそのまま形にしているのが、曼荼羅《まんだら》の横にある「来迎《らいごう》の弥陀《みだ》」と呼ばれる檜《ひのき》材《ざい》の寄木《よせぎ》造《づく》りの立像《りゅうぞう》である。

じつは、この像は非常に軽く、中が空洞になっている。ちょうど人間がひとり、なかにはいれるような大きさだ。そのため、昔は、自分の寿命は長くない、と死を覚悟した人が内部にはいって、即身成仏《そくしんじょうぶつ》したといわれる。

いま、自分は弥陀の胎内《たいない》にはいって一体となった、と感じることは、その人にとって、苦しみよりもエクスタシーとさえいえるかもしれない。

現代医療では、死んでいく人に対し、さまざまな薬や装置を使って延命が行われる。しかし、こんなふうに像のなかにはいって、いっさい延命処置をせずに三日くらい飲まず食わずでいればどうだろう。おそらく枯れるように死んでいくだろう。

こういう形での来迎が本当になされたのか、学術的な裏づけがあるのかどうか私にはわからない。しかし、この當麻寺だけに、その話が信じられる。そして、そういうめずらしい、特異な伝承がずっと伝えられてきた背景には、人びとの浄土への憧れや往生を願うこころがあった。それがいかに強いものであったかを、あらためて感じないではいられない。

芸能の原点には、宗教がある

もうひとつ、當麻寺ならではのパフォーマンスに、「絵解《えと》き」がある。僧侶が曼荼羅《まんだら》の前で、その図柄を細い竿《さお》で指し示しながら、極楽浄土の素晴らしさを人びとに説明する。その説教はありがたい話でありながら、素晴らしい名調子で行われ、聞いている人びとの心を躍らせたり、笑わせたり、しんみりさせたりする。

これまでにも、當麻寺中之坊《なかのぼう》の住職の松村實秀《まつむらじつしゆう》師に「絵解き」をしていただく機会があった。今回ははじめて、ご子息である副住職の松村實昭《じつしよう》師に実演していただいた。

場所は本堂ではなくて、中之坊の「絵天井の間」だ。ここには現在、本堂の當麻曼荼羅《たいままんだら》を模《も》して描かれた「平成當麻曼荼羅」が掲《かか》げられている。その前に座らせていただいて、松村實昭師の絵解きに耳を傾ける。独特の節回《ふしまわ》しが心地よい。

時間の都合で、今回はひと通りの短い説明だけをしていただいたが、細かい物語をそれぞれ説明していくと、三、四十分はかかるらしい。あくまでも法話ということで、ふつうの人たちに伝わるように、言葉はわかりやすくしてあるという。そのため、聞いていてもだいたいの意味は理解できる。

お経のなかにも、浄土の様子を説明したものはいろいろある。しかし、こうして當麻曼荼羅を拝見しながら絵解きを聞くほうが、ずっとわかりやすくてありがたい。

興味深いのは、當麻曼荼羅の縁取りの図像に十三段階の瞑想法《めいそうほう》が描かれていることだ。まず、西に沈む夕日を極楽浄土だと想像する。次に水を思い浮かべ、そこに木を生《は》やして、池をつくって……というように、絵解きの節《ふし》がイメージを誘導していく。

ある段階になると阿弥陀仏《あみだぶつ》が現れ、最終的にはそこに自分が生まれてくる、と想像する。そして、すべてがそろうと、頭のなかに極楽浄土のイメージがありありと浮かんでいる、というわけである。

瞑想法《めいそうほう》——今風の言葉でいえばリラクセーションです、と松村師はおっしゃった。たしかに、頭のなかにいつも浄土を思い描けるということ自体、救いにちがいない。

ところで、絵解きというのはもともとインドで起こって、中央アジアや中国をへて日本にはいってきたものだという。最初は、宗教的背景をもったストーリーのある絵画の内容を、当意即妙《とういそくみょう》に人びとに説明するのが絵解きだった。それが次第に「話芸」となり、節がつき、芸能化が進んでいく。

つまり、絵解きというのは、浄瑠璃《じょうるり》や浪花節《なにわぶし》や講談や落語や漫才などのルーツであり、ドラマや小説などの原形ともいえる。実際に、名調子で語られる絵解きを聞いていると、宗教がこうして大衆化していくなかで「芸能」というものが生まれたのだ、と実感する。

いわば、當麻寺は日本の芸能のルーツ、原点だといってもいいだろう。

現在も、當麻寺は曼荼羅《まんだら》の絵解きで人びとを惹《ひ》きつけ、練供養《ねりくよう》という行事で人びとを楽しませ、春には牡丹《ぼたん》が目当ての花見客も集める。

庶民的であり、俗っぽさもある寺だといえるかもしれない。

時の権力などにすり寄らず、あくまでも地元の民衆たちに支持されて、長い年月を生き抜いてきた寺だ。品良くやっていくよりも、民衆の寺として、多角経営でお賽銭《さいせん》を集めて、俗っぽくやっていく。私は、そんな當麻寺にこころを惹かれてならない。そこにこそ、當麻寺のおもしろさがあるのではないか。

この絵解きで思いだしたのが、イタリアのアッシジにある聖フランチェスコ教会を訪れたときに見た、壁にずらっと並べられた絵だった。ジョットという画家が描いたフレスコ画で、大変美しいものだ。それには、聖フランチェスコの生涯のさまざまな場面、たとえば、小鳥たちも彼の説教に聞き入ったというエピソードなどが描かれている。

文字が読める人がわずかだったあの時代、教会に集まってくる信者たちはその絵を見て楽しんだ。同時に、聖フランチェスコのさまざまな物語に感激したのだろう。そうやって、庶民にわかりやすく信仰を伝えようとしたのだ。しかも、美術的にも高い価値をもっている。それはじつに素晴らしいことだと思う。

芸能の原点には、洋の東西を問わず、宗教というものがあるわけである。

一方、スポーツも神前に自分たちの喜びや感謝を捧《ささ》げたことが起源となっている。オリンピックもそうだし、相撲も神への奉納《ほうのう》相撲からはじまっている。ついでながら、當麻寺の近くには、その相撲の発祥の地とされる場所がある。

歴史の闇のトリックスター、役行者《えんのぎょうじゃ》

當麻寺の三重塔《さんじゅうのとう》は、奈良時代の創建当時のすがたで、東塔《とうとう》と西塔《さいとう》の両方がそろって残っている。それは、日本でもここだけだそうだ。もちろん、単独では、法隆寺《ほうりゅうじ》の五重《ごじゅう》塔《のとう》のようにもっと古い塔がある。

この三重塔は、木立《こだち》に囲まれていることと、東西の塔を一望できる場所がなかなかないため、うっかりすると気づかずに通りすぎてしまう。

しかし、あらためて眺めてみると、重厚で非常に美しい。

東塔へ向かってぶらぶらと歩いてみた。次第に三重塔が大きくなってくる。人もあまり通らないひっそりとした小道をどんどん歩いていくと、目の前に三重塔がぐーっとせり上がってくる。

ほとんど真下から見上げる塔というのは、じつに迫力がある。パリのノートルダム寺院とか、バチカンのサンピエトロ大聖堂にも立派な塔があるが、木造建築でこれだけの迫力をだすというのはすごい。見るたびに圧倒される。

當麻寺は小高い場所にあるので、見晴らしがいい。二上山《にじょうさん》とは反対側に畝傍《うねび》山《やま》、天香具《あまのかぐ》山《やま》、耳成山《みみなしやま》の大和三山《やまとさんざん》が霞《かす》んで見える。修験者《しゅげんじゃ》たちは、これらの山々を歩き回ったことだろう。

當麻寺には、修験道の開祖といわれる役行者小角《えんのぎょうじゃおづぬ》の像が安置されている。

私は、役行者にはずいぶん前から興味をもっていた。彼はこの付近一帯の葛城《かつらぎ》山中で修行をして、仙人のような不思議な力を身につけたといわれている。當麻はもともと役行者の領地で、彼が寄進した土地に當麻寺が創建された、という言い伝えもある。

この役行者についても、後世にいろいろな伝説がつくられてきた。

たとえば、役行者は呪術で人を惑《まど》わしていると密告され、朝廷の怒りに触れて伊豆《いず》に流されたとされる。しかし、彼は夜になると空を飛んで、富士山に修行にいったりした。そして、許されると仙人となって天に飛び去ったという。

まさに彼は歴史の闇のなかのトリックスターといえるだろう。

弘法大師《こうぼうだいし》が、日が当たる表通りのスターだとすると、裏通りというか、陰のスターとして、歴史のあちこちに出現する人物だ。

私がはじめて當麻寺を訪れたころは、役行者はそれほど有名ではなかった。どこか隅《すみ》のほうで、この像がほこりをかぶっているのを見た記憶がある。それが、没後千三百年に当たる平成十二年に御遠忌《ごおんき》のいろいろな法事が行われたのがきっかけで、役行者が全国的に脚光を浴びた。そこで、當麻寺では、本堂に移してこうして祀ったのだという。

いまは、この本堂のなかに小さな部屋をもって、左右に前鬼《ぜんき》と後鬼《ごき》という部下を従えて座っている。その足を見ると、よく歩く人の足だという印象を受ける。

もともと「當麻」という地名は、「たぎたぎし」という言葉から来ているそうだ。でこぼこで荒れ放題で歩きにくい場所、といった意味らしい。この役行者の足は、葛城山中や、たぎたぎしい山道を歩きに歩いた足にほかならない。

この寺に来て役行者に出会うと、日本の歴史のなかでの隠されたページをめくるような、とても愉快な気持ちになる。本堂の最後にいつも役行者を拝して、何かエネルギーをいただいて去るというのが、私の當麻寺のお参りのしかたである。

浄土の物語を信じて生きる

久しぶりに二上山《にじようさん》へも行ってみた。この山の雄岳《おだけ》の山頂には、葛木二上《かつらぎにじよう》神社と大津皇子《おおつのみこ》の墓がある。

二上山に葬《ほうむ》られた大津皇子の物語は、これまでにも多くの作家たちに強いイメージを与えてきた。折口信夫《おりくちしのぶ》の小説、『死者の書』はその代表格である。

彼《か》の人の眠りは、徐《しず》かに覚めて行った。まっ黒い夜の中に、更に冷え圧するものの澱《よど》んでいるなかに、目のあいて来るのを、覚えたのである。……

処刑された大津皇子が墓のなかで蘇《よみがえ》るシーンから、この小説ははじまっている。

大津皇子は天武《てんむ》天皇の第三皇子だった。しかし、二十四歳のときに謀反《むほん》の疑いをかけられて刑死する。天武天皇の皇后（のちの持統《じとう》天皇）は、自分が生んだ草壁皇子《くさかべのみこ》に皇位を継承させたいがために、つねに大津皇子を警戒していたという。そして、天武天皇が亡くなった八日後に、大津皇子はとらえられて処刑されてしまう。

えん罪だったともいわれている。この事件は当時の人びとに大きな衝撃を与えた。

二上山《にじょうさん》の雄岳《おだけ》山頂にある大津皇子《おおつのみこ》の墓は、なぜか大和側ではなく西向きになっている。それは、彼に反逆の罪を着せて処刑した皇后が、毎日死者に大和を見おろされては気が重い、と感じたためではなかろうか。

大津皇子の実の姉である大伯皇女《おおくのひめみこ》が、弟を思って詠《よ》んだ歌が斎藤茂吉《さいとうもきち》『万葉秀歌　上巻』にある。


現身《うつそみ》の人なる吾《われ》や明日《あす》よりは　二上山《ふたかみやま》を弟背《いろせ》と吾《わ》が見《み》む　（巻二・一六五）

『死者の書』のなかでは、蘇った大津皇子は自分の墓を開けようとする物音を聞いて、姉であると思い、来てはいけない、私の体に触ってはいけない、と叫ぶ。しかし、じつはそれは中将姫《ちゅうじょうひめ》だった。

奈良の「貴族の郎女《いらつめ》」である中将姫は、神隠しにあったかのように忽然《こつぜん》と姿を消し、二《に》上山《じょうさん》へ向かう。當麻寺の大門をくぐり、寺奴《やっこ》に咎《とが》められる。「女人の身として、這入《はい》ることの出来ぬ結界を犯していた」のだ。しかし、姫は何も答えず、ただじっと、山を見ている。

山の底では、蘇った大津皇子《おおつのみこ》が、服が腐ってボロボロになり素《す》っ裸《ぱだか》になったと嘆いている。姫にはその嘆きが聞こえたのか、皇子のために織物をもっていく。その織物こそが、観音菩薩《かんのんぼさつ》にお願いして蓮糸《はすいと》で織った曼荼羅《まんだら》だった、というわけである。

この小説では、二十九歳で夭折《ようせつ》したとされる中将姫は、大津皇子を追って浄土へ急いだと信じられている。同じく大津皇子の姉も、物質的には恵まれている生活を捨てて、弟に殉《じゅん》じようとする。浄土に行きさえすれば会える、そう信じていたからだ。

生と死の結界である二上山に抱かれる當麻寺には、浄土にまつわる数多くの物語がある。物語はフィクションである。しかし、さまざまな理論や学説や思想などが古びても、物語を必要とする人間のこころは、永遠に変らない。

浄土の物語を紡ぐこの寺が、千四百年にわたって庶民によって支えられてきた秘密を解く鍵は、ここにあると私は思う。

第十番　東《とう》大《だい》寺《じ》

日本が日本となるための大仏

青空に蘇《よみが》える、散華《さんげ》の記憶

「奈良の大仏」に対面するために、若草山《わかくさやま》の山麓《さんろく》にある東大寺《とうだいじ》を訪れた。輝くように明るい日の光がふりそそぐこの日、大仏殿《だいぶつでん》への参道はすでに人、人、人で埋めつくされていた。ちょうど春の修学旅行のピークとぶつかったらしい。

この一日だけでも、全国の相当な数の学校からやってきているのだろう。後から後から、修学旅行生の団体が押し寄せてくる感じだった。

同じ人びとのざわめきでも、長谷寺を訪れたときに感じたのとは雰囲気がちょっと違う。東大寺に集まっているのは、制服姿の少年少女たちだ。ざっと見たところでは中学生が多いようだが、小学生や高校生の団体もいる。

十代の彼らが奈良を訪れて東大寺という寺院を見学したときに、なにを感じるのだろうか。私はそのことに興味を惹《ひ》かれた。

奈良名物の鹿に「鹿せんべい」をこわごわ差しだす子。デジタルカメラで写真を撮っている子。まったく関心なさそうな顔で、携帯電話でメールを打っている子もいる。

参道の両側には、派手《はで》な色づかいの露店や屋台が軒を連ねている。東大寺の一帯は、そんなお祭りのような活気に満ちていた。

参道を歩いていると、いろいろな話し声が耳に飛びこんでくる。私にとってはなつかしい九州弁も、東北弁も聞こえてくる。そうかと思えば、中国語も韓国語も聞こえてくる。英語もフランス語も聞こえてくる。東大寺はインターナショナルな場所だ、と実感した。

青空高くそびえる大仏殿の屋根を見あげていると、ふっと過去の記憶が蘇ってくる。

もう二十年以上も前のことだ。

昭和五十五（一九八〇）年十月、私はがらにもなく殊勝《しゅしょう》な顔つきで、東大寺の大仏殿前の広場に座っていた。その日、大仏殿昭和大修理の落慶供養《らっけいくよう》が行われたのである。たいへん国際色豊かな催《もよお》しで、日本だけでなく、アジア各地からも芸能グループなどが招かれて参列していた。そういえば、その当日も気持ちのいい青空が見える晴れた日だった。

私の正面には途方もなく大きな建物があった。屋根の上には金色に輝く二つの鴟尾《しび》。ジュゴンの尾のようでもあり、イヌイットの革靴にも見えるその鴟尾に私は見とれていた。

式典の最後、クライマックスが訪れたとき、大屋根のほうから色とりどりの美しい花片のような紙片がキラキラと光りながら舞いおりてきた。「散華」である。人びとはどよめき、それはすぐに歓声に変わった。

少し風があるのか、それらは高く青空のかなたへ吹きあげられたり、横へ流れたりしながらゆっくり私たちのほうへと舞いおりてくる。鴟尾のあたりに、それをまく人たちのすがたがあった。その人影が、まるで米粒のように小さく見える。

散華《さんげ》というのは、紙でつくった五色の蓮華の花びらを、声明《しょうみょう》に合わせてまき散らす供《く》養《よう》のことだ。もともとは本物の花びらが使われたらしい。その紙片には大和絵《やまとえ》ふうの彩色画あり、多色刷りあり、墨で一筆描きしたものありで、眺めているだけでも楽しかった。

散華には青空がよく似合う。空から降ってくるそれを拾おうとして、私も子供のように走ったことを思いだす。拾ってきた一枚は、いまも自宅に置いて大事にしている。

そういえば子供のころ、特攻隊の兵士などが戦死することを「散華する」といっていた。あと少し戦争が長引いていたら、少年飛行兵を志望していた私も、あんなふうに青空に散っていたのかもしれない。そんな遠い記憶まで浮かびあがってくる。

前にインドへ出かけたとき、花屋さんの店先に、花の花弁だけをむしりとってゴザの上に積みあげたり、平らなかごに盛って売っているのをよく見かけたものだ。インドでも、花びらだけを散らして使うことがあるのだろう。

いまから千二百年以上前、はじめてこの東大寺の大仏開眼供養会《かいげんくようえ》が行われたときも、やはり華やかに散華が行われたにちがいない。

大仏の造立がはじまってから七年後、天平勝宝四《てんぴょうしょうほう》（七五二）年のことだ。全身を金色に輝かせた大仏のすがたが、ついに人びとの前に現れた。その開眼供養には、内外から一万人もの僧が招かれて盛大に行われたという。

開眼の筆をとったのは、天竺《てんじく》（インド）から来航した帰化僧《きかそう》バラモン・ボーディセーナ（菩提僊那《ぼだいせんな》）。さらに開眼会には、日本だけでなく、唐、朝鮮半島、ベトナム、カンボジアなどから来た楽人《がくじん》や舞人も参加し、音楽や舞がにぎやかに催された。

それは、日本にとってかつて例がない大規模な法会《ほうえ》であり、インターナショナルな一大イベントだった。

あらためて大仏殿の前に立つと、その壮大なスケールに対して畏敬《いけい》の念に打たれる。この寺を建てた八世紀の日本人のこころ、あるいは野心というか、肝《きも》っ玉《たま》のようなものを痛感せざるを得ない。

高さ百メートルの〝幻のツインタワー〟

じつは東大寺の大仏殿は過去に二度再建されている。いま私が目にしている建物は、江戸時代に再建されたものだ。正面は約五十七メートル、高さは約四十九メートルもある。言葉で「世界最大級の木造建築」といわれてもピンと来ない。だが、真正面に立つと、自分の顔にのしかかってくるような気がして、その大きさをひしひしと感じさせられる。だが、創建時の大仏殿はこれよりさらに大きかったのだという。

このなかに安置されている大仏も、最初はもっと大きかった。「奈良の大仏さま」と親しまれている盧舎那仏《るしゃなぶつ》。現在、その高さは約十五メートルある。これも、創建時には十八メートルあったという。大仏殿と同じように何度も修理をくり返してきて、顔と上半身のほとんどは江戸時代に修復されたものだ。

「大仏さま」といえば、もう一つの「鎌倉の大仏さま」を連想する人もいるだろう。あの鎌倉の大仏は、鎌倉時代につくられた阿弥陀如来像《あみだにょらいぞう》で、高さは約十一メートルだ。創建時には大仏殿があったのだが、地震などで倒壊してしまった。それから約五百年のあいだ、ずっと風雪に耐えて屋外に座りつづけている。

ところで、私がはじめて東大寺を訪れたときに受けた印象を素直に言えば「でっかいなあ！」だった。それから何度来ても、その大きさにはただ圧倒されてしまう。

ある本に、ルーブル美術館にある「モナ・リザ」の絵のことが書かれていた。「モナ・リザ」を見にくる外国の観光客、とくにアメリカ人が発する第一声は、ほとんど同じらしい。

「オー、ソー・スモール！」（えっ、こんなに小さいの！）

それまで頭のなかで描いていた「モナ・リザ」の絵に比べて、実物は意外なほど小さい。そのため、絵の前に立つと、みんなびっくりしてこう言うらしいのだ。多少、失望も感じるのかもしれない。

けれども、彼らが奈良へ来て東大寺を眺めれば、おそらく「オー、ソー・ビッグ！」とか「ソー・グレイト！」と叫ぶのではなかろうか。東大寺へ押し寄せる人の波と熱気。そのなかにいると、「大きなものを見たい」という人間の強い願望のようなものを感じる。

日本人の匠《たくみ》の技術というのは、非常に小さなものをつくる、精密なものをつくるところに特色があるといわれている。とくに、現代では、より小さく、より薄くてコンパクトなものをよしとする風潮がある。それに対して、古代の日本には、より大きなものを求めた時代があったのだ。

それにしても、これほど異国ふう大陸ふうの建築を、千二百年前の日本人はいったいどうやってつくったのだろうか。それだけではない。いまは跡《あと》しか残っていないが、創建当時の東大寺には東塔《とうとう》と西塔《さいとう》の二つの塔があった。しかも、三重塔《さんじゅうのとう》でも五重塔でもなく、いまや日本には一つも存在しない七重塔である。

うかつにも私はそのことを知らなかった。しかし、その高さを聞いたとき、一瞬自分の耳を疑った。当時の寸法では塔身《とうしん》、相輪《そうりん》などを合わせて「三十二丈《じょう》」。一丈は約三メートルに相当するので、メートルに換算すると約九十六メートルということになる。

東塔と西塔ではわずかに高さが違っていたらしい。だが、いずれにしても百メートル近い塔だったことは、大規模な基壇《きだん》の跡によっても裏づけられている。かつてはここに、二十数階建てのビルくらいの塔が二つもそびえていたのである。

現存するもっとも高い木造の塔は京都の東寺《とうじ》の五重塔で、その高さは約五十五メートルだ。東大寺の七重塔が、いかにとてつもなく高い塔だったかがわかるだろう。

西塔は平安時代中期に火事で失われている。東塔は治承《じしょう》四（一一八〇）年の兵火で炎上

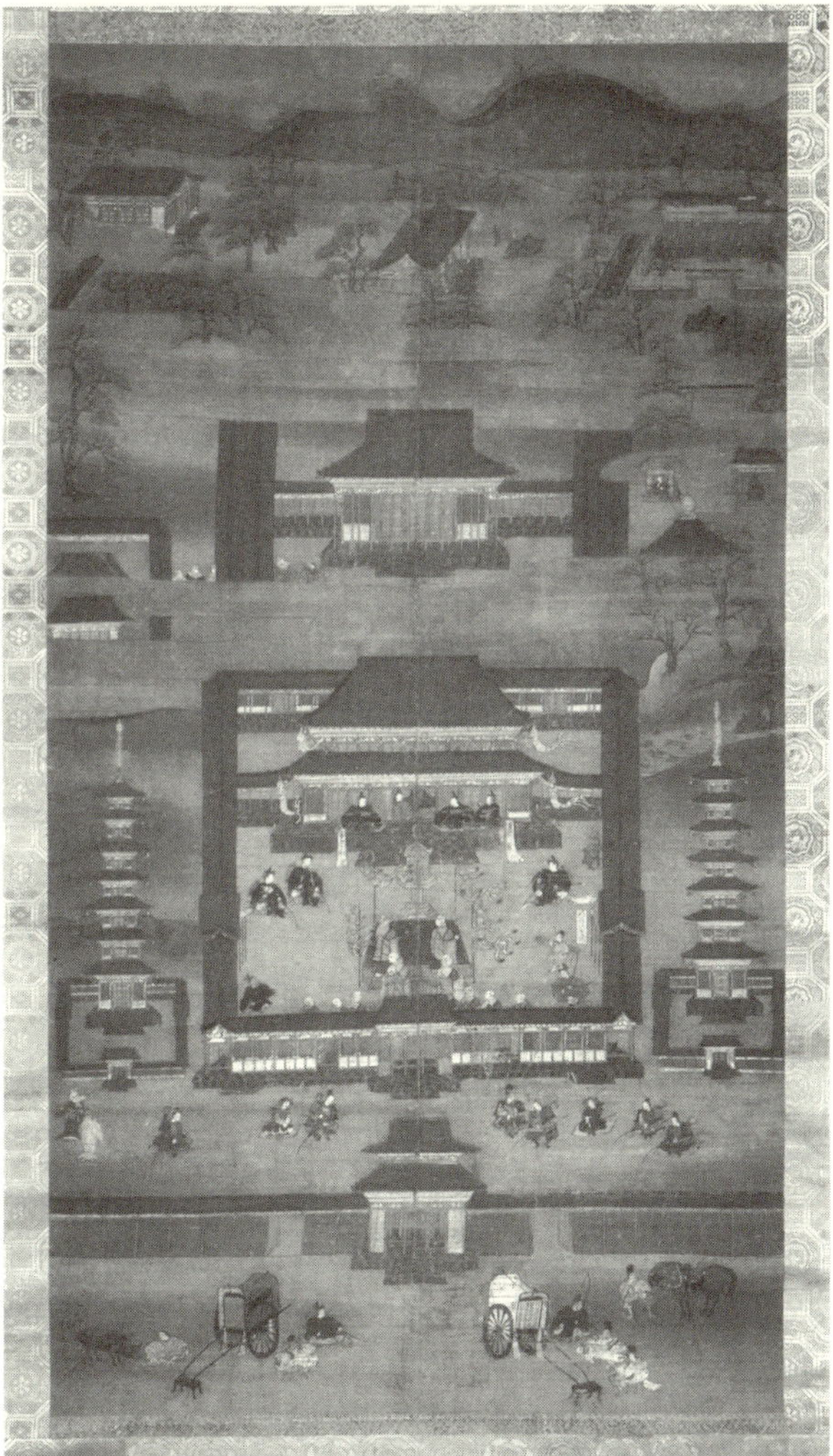

東大寺縁起に描かれた、七重の東塔・西塔（東大寺蔵）

して再建されたのち、康安《こうあん》二（一三六二）年にふたたび落雷で焼失したという。それでも、創建されてから四百年くらいのあいだ、この巨大な塔はもちこたえていたことになる。

ちなみに、文献によれば百メートル近い塔は他にもいくつかあったらしい。明らかに記録に残っているものでは、東大寺の七重塔に次いで高いのが、白河《しらかわ》天皇によって建立された法勝寺《ほっしょうじ》の九重塔で約八十一メートルである。しかし、この塔も康永《こうえい》元（一三四二）年の火災で焼け落ちて、いまは〝幻の塔〟となってしまった。

また、これも現在は遺跡を残すのみだが、基壇の規模から見て、飛鳥《あすか》時代の百済大寺《くだらのおおでら》と白鳳《はくほう》時代の大官大寺《だいかんだいじ》の九重塔は、九十メートル以上あったと推定されている。さらに、伝承ではあるものの、室町時代に建てられた相国寺《しょうこくじ》の七重塔は、約百八メートルだったと言い伝えられている。

相国寺の塔が史実だとしても、東大寺の塔の建立《こんりゅう》は八世紀、奈良時代だ。その当時の日本でもっとも高い塔だったことはほぼ間違いない。百メートルという高さは、古代日本の人びとにとって、圧倒的な迫力だったことだろう。

低層建築が立ち並ぶなかに、天高く伸びる幻のツインタワー。

9・11テロで崩壊する前のニューヨークの世界貿易センタービルのように、この二つの塔は奈良のランドマークとしてそびえていた。そのすがたを仰《あお》ぎ見る人は、誰もが国家の権力の中心がここにある、と強く感じたに違いない。

同時にそれは、日本人はこんなことができるのだ、というメッセージでもあった。しかも、国内だけでなく、アジア全体に向けてそのメッセージは発信されたのである。

世界に類を見ない大仏開眼《かいげん》、そして、奇跡のような再建

現在、東大寺は「華厳宗《けごんしゅう》」の総本山《そうほんざん》である。

華厳宗とはどんな宗派なのか。『広辞苑』で「華厳宗」を引いてみると、「華厳経を所依としてたてた宗派。中国で唐の法蔵により大成され、日本では、奈良時代に審祥《しんしょう》・良弁《ろうべん》らにより東大寺を中心にして研究され、鎌倉時代に明恵《みょうえ》・凝然《ぎょうねん》らが中興《ちゅうこう》」とある。

華厳宗は「南都六宗《なんとろくしゅう》」の一つである。南都六宗は三論宗《さんろんしゅう》、法相宗《ほっそうしゅう》、華厳宗、律宗《りっしゅう》、倶舎宗《くしゃしゅう》、成実宗《じょうじつしゅう》の六つだが、これが成立したのも、ちょうど東大寺創建と同じ時期だった。

奈良時代の仏教はこの南都六宗であり、すなわち国家仏教である。東大寺がつくられた

時代、仏教は律令国家に組みこまれ、国家の安寧《あんねい》のための役割が期待されていた。

言い替えれば、国土鎮護《こくどちんご》、五穀豊穣《ごこくほうじょう》、悪疫退散《あくえきたいさん》、天皇の玉体安穏《ぎょくたいあんのん》……というようなことである。つまり、当時は仏教が宗教であると同時に、国威発揚《こくいはつよう》のためのものであり、国家を統一する一つの文化でもあったのだ。

そういう時代に、聖武《しょうむ》天皇という個性的な天皇が登場する。彼は光明《こうみょう》皇后とともに篤《あつ》く仏教を信じ、東大寺建立と大仏造立という大規模な国家事業を実践する。

それに先だって、聖武天皇は天平《てんぴょう》十三（七四一）年に「国分寺《こくぶんじ》」と「国分尼寺《こくぶんにじ》」建立の詔《みことのり》を発した。まず、『華厳経《けごんきょう》』で説かれている「蓮華蔵世界《れんげぞうせかい》」をこの世に実現するために、国ごとに国分寺を建立する。さらにそれを基盤にして、『華厳経』の教えに基づいて東大寺を総国分寺《そうこくぶんじ》として創建し、蓮華蔵世界を象徴する大仏を本尊《ほんぞん》にしようとしたのだった。

大仏造立の詔が発せられたのは天平十五年。この大仏は、正式には「盧舎那仏《るしゃなぶつ》」（旧訳華厳経では「毘盧遮那仏《びるしゃなぶつ》」）である。盧舎那仏とは、華厳経の教主《きょうしゅ》として万物を照らす英知をもつ宇宙的な存在で、蓮華蔵世界の中心に位置するもの、とされている。天地をあまねく照らしだす仏にふさわしく、当初は全身に金メッキがほどこされていた。現在はブロンズの巨像だが、千二百年前は目もくらむような金色に輝いていたのである。

大仏発願《ほつがん》の詔には、「夫《そ》れ天下の富を有つ者は朕《われ》なり。天下の勢を擁する者は朕なり。この富勢を以て、この尊像を造る」という聖武天皇の言葉がある。ここからは、律令制の頂点に立つ絶対君主のすがたが浮かびあがってくる。もちろん、これだけの大事業を実現させるためには、強大な権力がなければ不可能だっただろう。

また、大仏の造立は「一枝の草、一把《ひとつかみ》の土」を持ち寄って民衆の協力で完成させることを理想とした。それを実現するために全国を勧進《かんじん》してまわったのが、当初は淫祀邪教《いんしじやきよう》の僧と蔑《さげす》まれていた行基《ぎようき》である。さらに、東大寺初代別当《べつとう》となる良弁《ろうべん》も、東大寺造営のプロデューサー的役割を果たした。

大仏開眼供養が行われたのは、作業がはじまってから七年後の天平勝宝《てんぴようしようほう》四（七五二）年だ。石仏では、中国やアフガニスタンなどに五十メートルを超える巨像が存在する。しかし、ブロンズの大仏としては世界でも稀《まれ》だという。

飛鳥時代から奈良時代にかけて、日本にはさまざまな寺や仏像がつくられてきた。そのなかで、この東大寺の大仏殿の建立と大仏造立は、日本の仏教界の総決算ともいえる大プロジェクトだったに違いない。

東大寺の伽藍《がらん》の造営は、天平宝字《てんぴょうほうじ》四（七六〇）年ごろまでに終わったらしい。そのなかで、創建当時のすがたで現在まで残っているのは、法華堂《ほっけどう》（礼堂は鎌倉時代の再建）と正倉院《しょうそういん》と転害門《てがいもん》くらいである。それ以外の建物は何度も兵火や火災で焼失し、のちに再建されたものだ。また、七重塔や講堂のように、現在は跡しか残っていないものもある。

東大寺の長い歴史のなかで、大きな受難が二度あった。最初は平家の全盛期で、治承《じしょう》四（一一八〇）年に平重衡《たいらのしげひら》の軍勢の兵火で焼かれたのだ。このとき、ごく一部をのぞいて伽藍はほとんど失われてしまった。大仏殿も炎上し、大仏も被害を受けている。

その再建のための勧進を行ったのが、俊乗坊重源《しゅんじょうぼうちょうげん》という僧だった。重源の献身的な活動で、文治《ぶんじ》元（一一八五）年には大仏の修理が終わり、開眼供養が行われている。

二度目の受難は永禄《えいろく》十（一五六七）年、東大寺は戦国の武将、松永久秀《まつながひさひで》の兵火でふたたび炎上する。大仏殿は焼失し、大仏の頭部は焼け落ちたと伝えられている。その後も戦乱がつづき、大仏殿は仮屋を建ててしのいでいたが、それも強風で倒壊した。そのため、大仏は長いあいだ野ざらしの状態がつづいたという。飛鳥《あすか》寺の飛鳥大仏と同じように、この奈良の大仏にもそうした受難の時期があったのだった。

江戸時代にはいって、その状態の大仏を拝《はい》した公慶《こうけい》という僧が、再建の志を立てた。公慶は、かつての行基《ぎようき》や重源のように勧進を行い、再建を進めていく。大仏の修理が終わったのは約三百十年前の元禄《げんろく》五（一六九二）年。また、大仏殿が完成したのは宝永《ほうえい》六（一七〇九）年だった。

これだけの巨大な建物を再建し、大仏を修理するためには、巨額の費用と人員が必要とされる。木材の調達だけでも、どれほど困難な事業だったかが想像できるだろう。それにもかかわらず、伽藍を失っては再建されてきたことが、奇跡のようにも思えてくる。

じつは、私が東大寺のなかでいちばん気に入っている建物は、国宝級の創建当時の建物ではない。鎌倉時代の再建の際に、重源によって建てられた「大湯屋《おおゆや》」という建物である。「湯」という文字が示すように、これは〝お風呂〟だ。

二月堂の裏参道《うらさんどう》を下っていくと、その建物に出会う。屋根には煙抜きの櫓《やぐら》がついていて、その下が湯わかし場になっている。飾り気がなく、実用的でありながら豪快な印象を受ける。前身は、奈良時代の温室院《おんしついん》という建物だったらしい。しかも、のちにこれが私たちの知る〝銭湯〟になったという。銭湯の起源は寺院にあったのだ。

大湯屋にはいまも、重源が納めた大型の鉄湯船《てつゆぶね》が残っているそうだ。その湯船に湯をわかして、たくさんの人たちが体を洗ったのだろう。まさに、東大寺を再建するために働く人たちが使ったお風呂であり、疲れを癒《いや》すための施設であった。

国家仏教の牙城《がじょう》ともいえる東大寺。その伽藍のなかに、こういう大湯屋のような施設があった。私はそこに、なんともいえずこころ温まるものを感じるのだ。

律令国家《りつりょうこっか》としての「独立宣言」

東大寺には、この大湯屋のように、人間のにおいがして、親近感を覚える一面もある。しかし、別の一面では国家権力の象徴であり、国家の仏教の礎《いしずえ》であり、巨大で圧倒的な力を示している。

いったいなぜ、当時の日本はこれほどの国家的大事業を必要としていたのだろうか。なぜ、これほど大きな仏像や大仏殿をつくり、百メートルもの塔を建てたのだろうか。

そのころの日本は、アジアの端《はし》にある辺境の地だった。文化も技術も、あらゆるものが朝鮮半島・中国大陸を経由して流れこんできていた。シルクロード経由のイスラム・アラブ圏の文化も、インドの文化も、アジアの文化も、すべてが中国を経由してこの島国へと流れこんできたのである。

文化、芸術、思想、技術、システムなど、ありとあらゆる文物が中国から渡来してきていた。八世紀の中国では唐《とう》が大帝国をきずく。そこでは都の長安《ちょうあん》を中心にして、国際色豊かな文化が栄えた。その文化が、いわば〝グローバル・スタンダード〟として君臨《くんりん》していたわけだ。当時の先進的なもの、優れたもの、立派なものは、ほとんど唐から日本へはいってきたものだった。

唐が大帝国として東アジアを制覇《せいは》していく時代。そのなかでの日本は、朝鮮半島の百済《くだら》と同じような運命をたどって、唐の属国にされるおそれがあった。

飛鳥時代に、その際《きわ》どいところで、日本という国のアイデンティティを確立しようとしたのが聖徳太子《しょうとくたいし》だった。彼は独立国家としての日本を考えて、さまざまな改革を行った。

八世紀、奈良時代の日本は、それを受け継いだといえるだろう。

そのころの日本には、まだ独自の貨幣さえない。中国の貨幣を輸入して使っていたのである。いまでいえば、東ヨーロッパや中近東の国々でアメリカのドルが通用しているのと同じことである。

この事実を知ると、誰もが軽いショックを受けるのではないか。貨幣に限らず、文化も、技術も、すべて外から渡来したものが日本を支配していたといってもいい。

私は歴史家ではない。だから、こうして書いていることも、すべてに根拠《こんきょ》があるわけではない。ただし、七世紀から八世紀にかけて、日本が律令制国家としてスタートを切り、遣唐使《けんとうし》がさかんに派遣されていたことは事実である。

そして、和銅《わどう》元（七〇八）年には、日本初の「和同開珎《わどうかいちん》」と呼ばれる銅銭と銀銭が鋳造《ちゅうぞう》されている。きちんと自国の通貨を持ち、それを国内に流通させせようとしたのである。

宗教の面でも、外国渡来の神々のなかで日本の宗教というものを確立していく。仏教という先進的な教えを広げ、日本の国家としての体制を強固なものにしていったのだ。

大宝《たいほう》元（七〇一）年には「大宝律令《たいほうりつりょう》」が制定され、和銅三（七一〇）年には平城京《へいじょうきょう》への遷都《せんと》が行われた。また、国の歴史書として『古事記《こじき》』『日本書紀《にほんしょき》』が書かれたのは八世紀のはじめ。『万葉集《まんようしゅう》』が成立したのは八世紀半ばといわれている。

そういう時期に、日本の律令政府はかつて例を見ないような大仏をつくり、大仏殿や七重塔を建てた。そこには、日本という国は唐の属国ではない、と声明《せいめい》する強い意志があったのではあるまいか。

もちろん、東大寺造営についてはいろいろな見かたがある。あれは奈良時代の〝ケインズ〟だ、当時の公共投資だったのだ、という話も聞いたことがある。その説にも、なるほどと思うところはある。しかし、そういう面があったとしても、たぶん、その根底には、日本が日本であろうとする意識があったはずだ。

中国大陸や朝鮮半島からの影響のもとに、乳飲《ちの》み子のように育ってきた日本。その日本が、大国の属国とされる運命に甘んじることなく、日本列島のなかにひとつの文化圏を打ち立てようとした。

自主独立の道を進もうとする嵐のような潮流が、激しく日本国内に渦巻《うずま》いていた。八世紀とはそういう時期だったのではないか。

そのなかでの東大寺の存在の大きさ、というものを私は考えたい。歴史家からは批判されるかもしれないが、作家としてはそんな気がしてならない。東大寺の造営は、国際社会に対する日本の「独立宣言」だった。そのために律令政府は全エネルギーを注ぎこみ、国家の財政を傾けてまでも、これほど巨大なものをつくりあげたのだ。

天平勝宝《てんぴょうしょうほう》五（七五三）年に、鑑真《がんじん》が苦難の末に唐から渡航してきたとき、良弁《ろうべん》は彼を東大寺の大仏殿に案内したらしい。そして、唐にこれほど大きい仏像があるか、と自慢したといわれている。僧侶にしては大人げないとも思えるが、当時の日本は、それほど唐に対して対抗意識を持っていたのではなかろうか。

前述した昭和大修理の落慶供養の日には、アジア各国からも祝賀の人びとが集まっていた。あのときも、「日本」という声なき声が、底流としてずっと響いていたような気がしてならない。

いまこそ、新しい「和魂《わこん》」を

千二百年以上前の大仏造立と大仏殿建立という国家的大事業。それが、いまの私の胸にはなぜか強く鳴り響く。

七世紀から八世紀の日本は、あらゆる面で中国から学び、中国を見習ってきた。髪型や服装にいたるまで中国ふうのスタイルが奨励《しょうれい》された時期もあった。公文書《こうぶんしょ》は中国語の漢文で書かれ、文学といえば漢詩のことだった。

二十一世紀の日本はどうか。私たちはいま、グローバリゼーションの時代にいる。これは、いわばアメリカ主導のグローバル化であり、アメリカ化といってもいい。そのなかで、多くの日本人がインターネットを覚え、英会話を学んでいる。若者たちは髪を茶色や金髪に染め、音楽のヒットチャートは、十曲のうち九曲くらいまでが横文字の曲名だ。そして、ヒットしている映画は、ほとんどがハリウッド映画である。

しかも、こうした状況は日本だけではない。ディズニーランドもマクドナルドも、世界のあらゆる地域に進出している。さらには、インターネットの普及が、英語の世界共通語化と、世界のカルチャーのアメリカ化に拍車をかけている。

つまり、歴史観も文化に対する見かたも、すべて一変してしまうほどの新しい時代が到来しているのだ。それは、アメリカ超帝国主義の時代だといえるだろう。

たとえば、八世紀に大帝国をきずいた唐が占めていた版図にしても、世界全体から見ればそれほどの広さはない。大英帝国がもっとも多くの植民地を支配していたときでさえ、地球の陸地全体の四分の一程度にすぎなかった。

それに対して、冷戦終結後の現在、アメリカの軍事力による覇権《はけん》が及ばない場所は、地球上にはないといえる。かつての大英帝国のように、現地に総督《そうとく》が派遣されて植民地を銃剣で支配する、という形ではない。しかし、強大な経済力や軍事力などによって、現実に世界支配国家が出現した。はじめて一国の覇権が世界を支配する時代が到来したのである。

私たちが過去に経験したことがない〝大変な時代〟がやってきているのは間違いない。

そのとき、日本人はどう生きればいいのか。植民地被支配者として、宗主国《そうしゅこく》に対して従属する立場で生きるのか。それとも、徹底抗戦するという形で生きるのか。あるいは、二重の形でゲリラ的な心情で生きるのか。選択が分かれるのはそこだろう。

これまでに何度も書いてきたことだが、明治維新後の日本は「和魂洋才《わこんようさい》」でやってきた。当時の和魂というのは、超国家主義と絶対的天皇制だったといえるだろう。

ところが、敗戦でその「和魂」が破綻《はたん》してしまう。それ以降の日本は、デモクラシーも自由主義もすべてアメリカから輸入した。これまでの「和魂」は駄目《だめ》だということになって、「無魂洋才」という便利なやりかたでやってきたのである。魂はなくても、システムだけがあればいい、「無魂」で行こう、と。これは身軽で便利なものだった。

しかし、魂なきシステムはどうなったか。戦後半世紀足らずで、それは腐敗《ふはい》してしまった。そしていま、グローバリゼーションとかグローバル化という言葉が氾濫《はんらん》するなかで、日本人はあらためて「洋魂洋才」でやっていけ、と突《つ》きつけられている。

やはり、これからは「洋魂洋才」でも「無魂洋才」でもなく、新しい「和魂」というものを見いだしていかなければならない。軍事的にはアメリカの支配下にあっても、文化的には尊敬されている国として生きていくことが望ましい。

そのためには、日本人自身が、日本人のもっている大事なものを自覚することだと思う。そして、それを私たちの独自の文化としてきちんと育てていくことだ。

とにかく大変な時代になった、とため息がでてしまう。しかし、千二百年前の日本人たちも、中国という巨大な帝国に対して、同じように感じていたのではないか。

少なくとも、彼らは小国だった日本を、属国ではなく、独立国家として認めさせようと努力した。中国からの影響を強く受けながらも、そのなかで日本独自の文化を育んでいった。その証《あかし》がこの東大寺にある。

千二百年以上前の日本人が、燃えあがるようなエネルギーをもっていたからこそ、東大寺造営というとてつもないプロジェクトが実現した。国家創成期の日本人がもっていた力強いエネルギー。それを思うと、熱いものがこみあげてくる。これほど巨大なものをつくった奈良時代の人びと、いにしえの日本人のすがたから勇気を与えられたような気がする。

二月堂の裏参道《うらさんどう》をおりたところからふり返ると、大仏殿の黄金の鴟尾がキラキラと夕日に輝いていた。いつかまたこの道を歩いてみたい、とあらためて思った。

あとがきにかえて

このシリーズの最初の巻が誕生するについては、数えきれないほど多くのかたがたのお力添えをいただいた。すべての人びとにお礼を申しあげなければならないのだが、身近なスタッフの皆さんにまず感謝させていただく。

『百寺巡礼』の企画を、夢のような雑談から現実のものとして成立させてくれたのは、講談社の豊田利男氏である。この一冊の産みの親であり、育ての親であるといっても過言ではない。

そして、『日本人のこころ』シリーズ以来、資料の収集から確認、単行本の構成からメモ類の整理まで、すべての作業をつねに同行しておこなってくれた黒岩比佐子さんにこころからお礼を申しあげたい。車内の勝手なおしゃべりから、私の仏像を前にしての独白、そして食事中の片言隻句まで、すべてを記録し、私のコメントの間違いや記憶ミスをその場で訂正し、寺々にまつわるエピソードをレクチュアしてくれた献身的な協力があって、この一冊は誕生したのである。

書籍編集とテレビ朝日「五木寛之の百寺巡礼」の番組制作にあたり、数多くのスタッフに支えられたことで、この旅はつづいている。そのお名前を列記して、お礼申しあげたい。単行本の編集の中心的役割を担ってくれた浅間雪枝氏とスタッフの鹿野貴司氏、山口薫氏、中川明紀氏、校閲の木下昌晴氏。番組制作のプロデューサーである佐藤彰氏、早川忠夫氏、構成の田代裕氏、カメラマンの舟木豊氏、コーディネーターの岡部朱美氏、そしてスタッフの木原均氏、保母浩章氏、岡崎利貞氏、岡部太司氏、江端俊明氏、大谷一生氏。

また、この企画をさまざまに支えてくれた、太田信隆氏、小村健一氏、菅原弘美氏。

さらに、講談社の創業百周年記念出版事業としてこの企画を支えてくださった社のかたがた、ADの三村淳氏、写真家の戸澤裕司氏。

最後になりましたが、それぞれのお寺の各師にも深く感謝いたします。

この一冊が読者のかたがたの寺への旅のささやかな友となりますように。

横浜にて　五木寛之

主要参考文献一覧

●第一番　室生寺

『カラーブックス188――奈良の寺シリーズ3　室生路の寺』村井康彦、入江泰吉（保育社、一九七〇）／『十一面観音巡礼』白洲正子（新潮社、一九七五）／『古寺巡礼　奈良10　室生寺』田中澄江、伊藤教如、林亮勝（淡交社、一九七九）／『古代山岳寺院の研究2　室生寺史の研究』逵日出典（巌南堂書店、一九七九）／『女人高野　室生寺』小川光三、北川桃雄他（新潮社、一九八五）／『密教古寺巡礼3』小山和（東方出版、一九八七）／『魅惑の仏像21』（毎日新聞社、一九九二）／『魅惑の仏像26』（毎日新聞社、一九九三）／『飛鳥大和　美の巡礼』栗田勇（講談社学術文庫、一九九六）／『私の古寺巡礼』白洲正子（講談社文芸文庫、二〇〇〇）／『拳心』土門拳（世界文化社、二〇〇一）／『古寺を訪ねて――奈良西ノ京から室生へ』土門拳（小学館文庫、二〇〇一）／『室生寺五重塔　千二百年の生命』松田敏行（祥伝社、二〇〇一）／『古寺巡礼1』田中昭三（JTB、二〇〇二）

●第二番　長谷寺

『源氏物語』紫式部、山岸徳平校注（岩波書店、一九六五）／『カラーブックス188――奈良の寺シリーズ3　室生路の寺』村井康彦、入江泰吉（保育社、一九七〇）／『長谷寺　上巻』小塩祐光（長谷寺、一九八一）／『長谷寺　中巻』小塩祐光、小塩和子（長谷寺、一九八五）／『密教古寺巡礼3』小山和（東方出版、一九八七）／『長谷寺　下巻』小塩祐光（長谷寺、一九八八）／『日本古典文学紀行』久保田淳編（岩波書店、一九九八）／『西国巡礼』白洲正子（講談社文芸文庫、一九九九）／『談話集の世界Ⅰ　古代』（勉誠社）

●第三番　薬師寺

『西の京　薬師寺』亀井勝一郎ほか（淡交新社、一九六三）／『秘仏巡礼』津田さち子（駸々堂出版、一九七五）／『大和古寺風物誌』亀井勝一郎（東京創元社、一九七七）／『甦る薬師寺西塔』西岡常一（草思社、一九八一）／『魅惑の仏像5』（毎日新聞社、一九八六）／『大和古寺探求【I平城編】』寺尾勇（有峰書店新社、一九八七）／『魅惑の仏像18』（毎日新聞社、一九八七）／『木に学べ――法隆寺・薬師寺の美』西岡常一（小学館、一九八八）／『大系「仏教と日本人7」芸能と鎮魂』（春秋社、一九八八）／『探訪日本の古寺12　奈良（三）平城京』相賀徹夫編著（小学館、一九九〇）／『飛鳥・天平の華――古寺とみ仏』児島建次郎（同朋舎、一九九四）／『寂聴古寺巡礼』瀬戸内寂聴（平凡社、一九九四）／『薬師寺再興――白鳳伽藍に賭けた人々』寺沢龍（草思社、二〇〇〇）／『薬師寺　千三百年の精華――美術史研究のあゆみ』大橋一章、松原智美編著（里文出版、二〇〇〇）／『薬師寺・好胤説法』高田好胤（学生社、二〇〇二）／『古寺巡礼』和辻哲郎（岩波文庫、二〇〇二）

●第四番　唐招提寺

『唐招提寺・西の京』亀井勝一郎ほか（淡交新社、一九六三）／『カラーブックス200――奈良の寺シリーズ5薬師寺・唐招提寺』永井路子、入江泰吉（保育社、一九七〇）／『鑑真』杉山二郎（三彩新社、一九七一）／『大和古寺風物誌』亀井勝一郎（東京創元社、一九七七）／『古寺巡礼奈良9　唐招提寺』井上靖、森本孝順（淡交社、一九七九）／『近代文学研究叢書　第五十巻』昭和女子大学近代文学研究室編（昭和女子大学近代文化研究所、一九八〇）／『魅惑の仏像2』（毎日新聞社、一九八六）／『魅惑の仏像10』（毎日新聞社、一九八七）／『大和古寺探求【I平城編】』寺尾勇（有峰書店新社、一九八七）／『探訪日本の古寺12　奈良（三）平城京』相賀徹夫編著（小学館、一九九〇）／『白秋全歌集第三巻』（岩波書店、一九九一）／『飛鳥・天平の華――古寺とみ仏』児島建次郎（同朋舎、一九九四）／『寂聴古寺巡礼』瀬戸内寂聴（平凡社、一九九四）／『唐招提寺』唐招提寺編（学生社、一九九八）／『拳心』土門拳（世界文化社、二〇〇二）／『古寺巡礼』和辻哲郎（岩波文庫、二〇〇二）

●第五番　秋篠寺

『堀辰雄全集　第七巻』堀辰雄（新潮社、一九五七）／『秋篠寺　法華寺』岡部伊都子（淡交新社、一九六五）／『秋篠寺』水沢澄夫（中央公論美術出版、一九六八）／『秘仏巡礼』津田さち子（駸々堂出版、一九七五）／『秋篠寺』千貝純弘（芸立出版、一九七五）／『評伝堀辰雄』小川和佑（六興出版、一九七八）／『大和古寺探求【Ⅰ平城編】』寺尾勇（有峰書店新社、一九八七）／『寂聴古寺巡礼』瀬戸内寂聴（平凡社、一九九四）／『飛鳥・天平の華――古寺とみ仏』児島建次郎（同朋舎、一九九四）／『十一面観音巡礼　現代日本のエッセイ』白洲正子（講談社文芸文庫、二〇〇三）

●第六番　法隆寺

『會津八一全集　第四巻』會津蘭子（中央公論社、一九五八）／『秘仏巡礼』津田さち子（駸々堂出版、一九七五）／『親鸞和讃集』名畑應順校注（岩波文庫、一九七六）／『大和古寺風物誌』亀井勝一郎（東京創元社、一九七七）／『日本の古代遺跡4――奈良北部』前園実知雄、中井一夫（保育社、一九八二）／『新・法隆寺物語』太田信隆（集英社文庫、一九八三）／『小学館創造選書100　法隆寺の秘話』高田良信（小学館、一九八五）／『魅惑の仏像3』（毎日新聞社、一九八五）／『斑鳩物語』高浜虚子（永田書房、一九八七）／『魅惑の仏像14』（毎日新聞社、一九八七）／『大和古寺探求【Ⅱ飛鳥・斑鳩編】』寺尾勇（有峰書店新社、一九八七）／『私の法隆寺案内』高田良信（日本放送出版協会、一九九〇）／『歴史と文学の回廊　第九巻　近畿Ⅰ』尾崎秀樹監修（ぎょうせい、一九九一）／『斑鳩の白い道のうえに――聖徳太子論』上原和（講談社、一九九二）／『飛鳥・天平の華――古寺とみ仏』児島建次郎（同朋舎、一九九四）／『法隆寺への精神史』井上章一（弘文堂、一九九四）／『五重塔はなぜ倒れないか』上田篤（新潮社、一九九六）／『世界文

化遺産　法隆寺』高田良信（吉川弘文館、一九九六）／『法隆寺の謎』高田良信（小学館、一九九八）／『大和・飛鳥考古学散歩』伊達宗泰（学生社、一九九八）／『拳心』土門拳（世界文化社、二〇〇一）／『聖徳太子信仰への旅』NHK「聖徳太子」プロジェクト（日本放送出版協会、二〇〇一）／『古寺巡礼』和辻哲郎（岩波文庫、二〇〇二）

●第七番　中宮寺

『大和古寺風物誌』亀井勝一郎（東京創元社、一九七七）／『中宮寺　法輪寺　法起寺の歴史と年表』高田良信（ワコー美術出版、一九八四）／『魅惑の仏像27』（毎日新聞社、一九九六）／『隠された聖徳太子の世界　復元・幻の天寿国』大橋一章、谷口雅一（日本放送出版協会、二〇〇二）／『古寺巡礼』和辻哲郎（岩波文庫、二〇〇二）

●第八番　飛鳥寺

『奈良国立文化財研究所学報第五冊　飛鳥寺発掘調査報告』文化財保護委員会（奈良国立文化財研究所、一九五八）／『飛鳥寺』坪井清足（中央公論美術出版、一九六四）／『日本の名著2　聖徳太子』中村元編（中央公論新社、一九八三）／『飛鳥寺』奈良国立文化財研究所、飛鳥資料館編（奈良国立文化財研究所飛鳥資料館、一九八六）／『大和古寺探求【II飛鳥・斑鳩編】』寺尾勇（有峰書店新社、一九八七）／『飛鳥寺と聖徳太子』岡本精一（飛鳥寺、一九八八）／『歴史と文学の回廊　第九巻　近畿I』尾崎秀樹監修（ぎょうせい、一九九一）／『飛鳥古京　古代びとの舞台』門脇禎二（吉川弘文館、一九九四）／『朝鮮と日本の古代仏教』中井真孝（東方出版、一九九四）／『日本の古代遺跡7　奈良飛鳥』菅谷文則、竹田政則（保育社、一九九四）

●第九番　當麻寺

『万葉秀歌　上巻』斎藤茂吉（岩波新書、一九四四）／『死者の書』釈迢空（角川書店、一九四七）／『大和・奈良かくれ古寺巡礼』嵯峨崎司朗（実業之日本社、一九七三）／『秘仏巡礼』津田さち子（駸々堂出版、一九七五）／『女人の寺』徳永隆平（日貿出版社、一九七六）／『古寺巡礼　奈良7　当麻寺』富岡多惠子、中田善明（淡交社、一九七九）／『密教古寺巡礼2』小山和（東方出版、一九八四）／『理想12月号』野崎守英（理想社、一九八五）／『源信』速水侑、日本歴史学会編（吉川弘文館、一九八八）／『大系「仏教と日本人7」芸能と鎮魂』（春秋社、一九八八）／『日本の古寺美術11当麻寺』松島健、河原由雄（保育社、一九八八）／『辺境の古寺巡礼』大門八郎（大東出版社、一九八九）／『古寺巡礼　日本精神の風景』栗田勇（春秋社、一九九〇）／『古道紀行　大和路』小山和（保育社、一九九四）／『飛鳥大和　美の巡礼』栗田勇（講談社学術文庫、一九九六）／『宗教美術研究　第6号』（多摩美術大学宗教美術研究会、一九九九）／『當麻寺』（當麻寺中之坊）／『古寺巡礼』和辻哲郎（岩波文庫、二〇〇二）

●第十番　東大寺

『正倉院と東大寺』石田茂作、正倉院御物刊行会編（悠々洞、一九六四）／『秘仏巡礼』津田さち子（駸々堂出版、一九七五）／『大和古寺風物誌』亀井勝一郎（東京創元社、一九七七）／『古寺巡礼奈良14　東大寺』足立巻一、清水公照、近藤豊、河原由雄、井上靖監修、塚本善隆監修（淡交社、一九八〇）／『歴史への招待7』（日本放送出版協会、一九八〇）／『東大寺の伝説』東大寺監修（法蔵館、一九八〇）／『魅惑の仏像6』（毎日新聞社、一九八六）／『東アジアと日本　考古・美術編』田村円澄編、古稀記念会編（吉川弘文館、一九八七）／『大和古寺探求【I平城編】』寺尾勇（有峰書店新社、一九八七）／『東アジアと日本　宗教・文学編』田村円澄編、古稀記念会編（吉川弘文館、一九八七）／『大系「仏教と日本人7」芸能と鎮魂』（春秋社、一九八八）／『東大寺』井上博道（中央公論社、一九八九）／『中世東大寺の組織と経営』永村眞（塙書房、一九八九）／『名刹歳時記　東大寺物語』（世界文化社、一九八九）／『探訪日本の古寺12　奈良（三）平城京』相賀徹夫編著（小学館、一九九〇）／『歴史と文学の回廊　第九巻　近畿I』尾崎秀樹監修（ぎょうせい、一九九二）／『飛鳥・天平の華──古寺とみ仏』児島建次郎（同朋舎、一九九四）／『東大寺

の瓦工』森郁夫（臨川書店、一九九四）／『東大寺二月堂とお水取り』（奈良国立博物館、一九九七）／『ドイツにおける日本年　特別展　帰国記念「東大寺の至宝展」図録』（朝日新聞社・東武美術館、一九九九）／『私の古寺巡礼』白洲正子（講談社文芸文庫、二〇〇〇）／『拳心』土門拳（世界文化社、二〇〇一）／『高きを求めた昔の日本人――巨大建造物をさぐる』国立歴史民俗博物館編（山川出版社、二〇〇一）／『古寺巡礼』和辻哲郎（岩波文庫、二〇〇二）

●その他

『大和古寺』井上政次（日本評論社、一九四一）／『古都遍歴――奈良』竹山道雄（新潮社、一九五四）／『歴史のある寺』奈良本辰也（人物往来社、一九六三）／『日本密教――その展開と美術』佐和隆研（日本放送出版協会、一九六六）／『白村江』鈴木治（学生社、一九七二）／『日本の仏教を知る事典』奈良康明編著（東京書籍、一九九四）／『大和・紀伊　寺院神社大事典』（平凡社、一九九七）／『文化財探訪クラブ3　寺院建築』青木義脩（山川出版社、二〇〇〇）／『大和古寺幻想――連子窓に透かしみる名作の女人抱影』寺尾勇（東方出版、二〇〇〇）／『古建築の見方・楽しみ方』瓜生中（ＰＨＰ研究所、二〇〇〇）

【著者略歴】　1932年9月福岡県に生まれる。

生後まもなく朝鮮に渡り47年に引き揚げたのち、早稲田大学文学部露文科に学ぶ。その後、PR誌編集者、作詞家、ルポライターなどをへて、66年『さらばモスクワ愚連隊』で第6回小説現代新人賞、67年『蒼ざめた馬を見よ』で第56回直木賞、76年『青春の門　筑豊編』ほかで第10回吉川英治文学賞を受賞。『青春の門』シリーズは総数2000万部を超えるロングセラーとなっている。

81年より一時休筆して京都の龍谷大学に学び、のち文壇に復帰。代表作に『戒厳令の夜』『風の王国』『風に吹かれて』などがある。小説のみならず、音楽、美術、歴史、仏教など多岐にわたる文明批評的活動が注目されている。近著に『蓮如―われ深き淵より―』『生きるヒント』シリーズ、『大河の一滴』『人生の目的』『運命の足音』3部作、『不安の力』など。また、『日本人のこころ』シリーズなどにより第50回菊池寛賞を受賞、英文版『TARIKI』はアメリカで2002年のブック・オブ・ザ・イヤー（スピリチュアル部門）に選ばれた。

N.D.C.916　253 p　20 cm

百寺巡礼《ひゃくじじゅんれい》　第一巻《だいいっかん》奈良《なら》

二〇〇三年六月三十日　第一刷発行

著者　五木《いつき》寛之《ひろゆき》

発行者　野間佐和子

発行所　株式会社講談社

〒一一二―八〇〇一　東京都文京区音羽二―一二―二一

電話　編集部　〇三―五三九五―三五二二

販売部　〇三―五三九五―三六二二

業務部　〇三―五三九五―三六一五

印刷所　大日本印刷株式会社

製本所　島田製本株式会社

定価はカバーに表示してあります。

ISBN4-06-274071-0